KB069596

중독전문가 윤리

중독전문가 윤리

LeClair Bissell · James E. Royce 공저

한국중독전문가협회 편

신성만, 유채영, 이미형, 조성희 공역

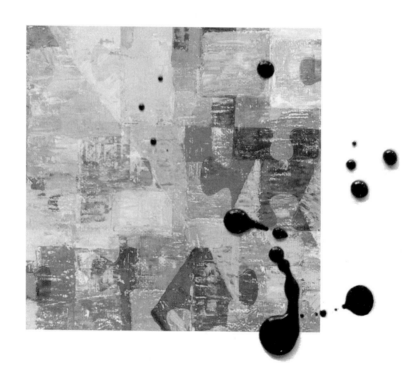

학지사

이 책을 발간하며

한국중독전문가협회에서 중독전문가 자격증 보급을 시작한 지 10년이 훌쩍 지났다. 그동안 한국의 정신건강 영역에서도 많은 발전이 이루어졌다. 특히 대상자의 인권을 보호하는 관심이 점차 확대되고 있으며, 2009년부터는 정신보건법에 근거하여 정신건강 영역의 종사자들이 대상자 인권에 관한 의무교육을 받게 되었다. 이런 변화 속에서 중독전문가들은 알코올상담센터, 사회복귀시설 등 중독분야에 직접적인 활동을 하는 것 외에도 아동 및 노인 학대, 가정폭력, 음주운전, 자살시도 행위자 상담 등 지역사회가 개입하는 다양한 분야에서 중독관련 상담을 진행해 왔다. 개인상담에서도 대상자들이 자신의 사생활에 대한 인식이 많이 높아진 이때『중독전문가 윤리』를 발간하게 된 것은 매우 의의 있는 일이라 할 수 있다.

이 책은 본 협회의 전 임원진이 2009년에 1급 전문가를 위해 발간한『전문영역에서의 슈퍼비전』에 이어 전문가와 내담자, 이들의 사회적 입장과 책임에서의 윤리를 자세히 제시한 책이다. 전문가 윤리에 대한 좋은 지침이 되는 책으로서 중독전문가로 활동하는 사람들은 꼭 읽어 보길 바란다.

이 책이 나오기까지 좋은 원서의 선정부터 마무리까지 애써 주신 신성만 교수께 고마움을 전한다. 또한 이 책에 대해 함께 토론

5

하고 방향을 안내해 준 김성재 전 회장, 김용진 교육이사 등 한국
중독전문가협회 전 임원진의 노력에 감사를 드리며, 이 책의 출판
을 허락해 주신 학지사 김진환 사장님과 꼼꼼한 편집을 해 준 백소
현 님께도 감사드린다.

2010년 5월

한국중독전문가협회 회장

이 미 형

역자 서문

언젠가 신문기사에서 우리나라 청소년들의 반부패 윤리의식 수준이 인도·방글라데시 등의 아시아 여러 나라들보다 더 낮은 것으로 조사되었다는 글을 읽은 기억이 난다. 그 조사는 국제투명성기구에서 한국과 인도, 방글라데시, 몽골 등 아시아 4개국 중·고생들에게 몇 가지 질문을 던지고 그 대답에 따라 점수화시킨 것을 보고한 것이었다. 한국의 청소년들은 다른 국가의 청소년들보다 유의미하게 '정직하게 사는 것보다 부자가 되는 것이 더 중요하다.'고 답하였고 '경찰이나 지켜보는 사람이 없으면 교통법규를 지키지 않을 수 있다.'고 답하였다. 대단히 걱정스러운 일이 아닐 수 없다.

중독의 문제를 상담하고 치료 재활을 돕는 전문가로서 다년간의 경험을 통해 깨닫게 된 것들 중 하나는 중독의 문제는 윤리의 문제와 항상 함께 나타난다는 점이다. 다시 말하면 중독이 심해지면 거짓말을 더 하게 되거나 타인의 권리를 무시하게 되는 등, 윤리적·도덕적 문제가 함께 심각해지며 중독의 증상이 완화되고 회복되기 시작하면 그들의 행동에서 거짓말이나 폭력성이 사라지고 윤리와 도덕성이 다시 되살아나게 되는 것이다. 아마도 윤리의식의 고취는 '자기중심성'이라는 중독의 본질과 서로 대립되는 특성이 있는 모양이다. 우리 사회가 윤리와 도덕에 더 둔감한 사회가 되어

갈수록 많은 사람들이 중독의 문제에 빠질 것이다. 따뜻함과 배려, 존중과 사랑이 사라져 간 자리에 경쟁과 약육강식, 그리고 방종과 중독의 문제가 자리 잡게 되는 것이다. 그래서 중독의 문제를 지닌 사람들을 돕는 전문가들은 더욱더 윤리적으로 민감해야 하며, 관련된 다양한 상황과 문제들을 슬기롭게 해결해 나갈 수 있는 역능을 지니고 있어야 한다. 이 책은 그러한 상황에 있는 우리나라의 중독전문가들에게 소중한 가르침을 제공하는 지침서가 되어 줄 것이다.

중독전문가협회의 도움으로 존경하는 중독분야의 전문가 선생님들과 함께 이 책을 번역하게 된 것은 본 역자에게 대단한 기쁨이다. 김성재 전임 중독전문가협회 회장님과 이미형 현 회장님의 적극적인 지원과 격려가 없었다면 이러한 열매를 맺기는 불가능했을 것이라는 점을 밝히고 감사의 뜻을 전하고 싶다. 더불어 교정의 수고를 함께해 준 서울대학교 사회복지대학원의 김준영과 한동대학교 상담심리학전공 김민정, 손슬기에게도 고마움을 전한다. 또한 중독분야에 깊은 관심을 가지시고 다수의 양서들이 출판될 수 있도록 도와주신 학지사 김진환 사장님께도 감사의 말씀을 드린다. 끝으로 오늘도 현장에서 중독 문제를 경험하는 사람들의 치료와 재활을 위해 고군분투하는 중독전문가 선생님들께 존경과 감사의 마음을 담아드린다.

2010년 늦은 봄
포항 남송리 연구실에서 역자대표
신성만

추천사

중독분야는 수십 년에 걸쳐 하나의 전문분야로 자리매김해 오고 있다. 원래 중독상담자는 내담자와 사적 경험을 공유하고 지지를 통해 도움을 제공하는 보조전문가로 인식되었다. 미네소타 대학교에서 개발한 프로그램을 포함한 초기 훈련 프로그램들은 대부분 A.A.(Alcoholics Anonymous) 회원 혹은 물질의존치료를 받았던 사람들을 대상으로 개발된 것들이었다. 이후에도 상당 기간 동안 중독상담자들은 중독의 전반적인 치료, 기록열람 등 다양한 활동에 대해 전문적인 결정을 내리는 독립적인 전문가라기보다는 회복된 사람들을 돕는 재활 프로그램 전문가로 간주되어 왔다.

그러던 것이, 지난 몇 년 동안 법률 전반에 걸쳐 전문가들의 책임에 대한 법적 기준이 변화하면서 미국의 많은 주에서 해당 주가 인정하는 자격면허 교부가 시작되었고, 이 과정에서 중독분야는 명백하게 하나의 독립된 전문분야로 인정받게 되었다. 또한 건강 관리기관(Health Maintenance Organizations: HMOs)*의 성장과 Blue Cross/Blue Shield와 같은 민간의료보험회사(indemnity insurance

---

*HMOs는 미국 민간의료보험 형태 중의 하나로 보험자와 의료공급자가 하나로 통합되어 피보험자에게 급여를 제공하는 회원제 의료공급 제도다. 가입자는 선불방식으로 보험료를 납부하고 예산범위 내에서 의료서비스를 공급받는다.

carrier)의 전문가 기준심사 확대로 중독상담자들의 활동에 대한 외부기관의 심사가 강화되었다. 심지어 치료와 관련된 결정들까지도 이러한 외부관계자들의 영향력 아래 체계적인 심사의 대상이 되었다. 이러한 상황 속에서 LeClair Bissell, M.D., N.C.A.C. II와 James E. Royce, S.J., Ph.D.의 『중독전문가 윤리』는 행정관료들부터 상담자까지 치료활동에 관여하고 있는 모든 사람들에게 필수 서적이 되었다.

저자들이 언급하고 있듯이, 중독개입 및 치료서비스를 제공하는 사람들은 각기 다른 전문적 전통과 배경을 지닌 다양한 분야의 출신들이다. 어떤 이들은 역사성이 있는 윤리규범과 강령을 지켜오고 있는 분야에서 훈련받은 전문가인 반면, 어떤 이들은 개인 재활의 경험을 바탕으로 중독자들을 돕기로 결심한 사람들인 경우도 있다. 이 책은 중독분야가 한편으로는 다른 여러 분야와 전통의 혼합물이면서, 다른 한편으로는 매우 독특한 전문 영역이라고 설명하여 그 다양성을 설득력 있게 언급하고 있다.

중독분야를 포함하여 미국 내 전체 노동시장에 영향을 미치는 국가적 변화 속에서 장애인차별금지법(the Americans with Disabilities Acts: ADA)은 중독문제를 갖고 있는 근로자에 대한 처우에 지속적인 영향력을 행사하고 있다. 이 책에서 Bissell과 Royce는 ADA의 기준을 토대로 중독문제가 재발한 상담자와 관련된 문제를 살펴보고 있다. 동시에 역할 모델을 대표하는 회복된 상담자들이 프로그램과 내담자에게 주는 특별한 의미에 대해서도 언급하고 있다. 저자들은 상담자의 재발에 대해서 내담자들에게 솔직한 조언을 제시하고 있다-나 역시 이에 대해 전적으로 동의하고 있다.

저자들은 전문적 역량에 대한 논의에 있어서 A.A.의 전통(협력은 하되 소속하지 않는 A.A. 전통)에 대해 언급하면서 상담자들에게 자신의 한계를 인식할 것과 기술 확장 및 지식 갱신을 위한 지속적인 전문교육을 받을 것을 제안하고 있다. 저자들은 성인을 대상으로 준비된 상담자와 프로그램들이 청소년에게까지 그 범위를 확장하여 적용할 때 발생하는 문제에 대해 언급하고 있다. 즉, 청소년을 대상으로 하는 서비스는 그 자체로 전문성을 가져야 함을 강조하는 것이다. 또한 저자들은 상담자가 내담자에게 의사가 처방한 약을 먹지 말라고 권하는 등 상담자 역량 밖의 권리를 행사하는 것에 대해서도 경고하고 있다.

저자들은 '선택에 대한 오해' 라는 견지에 비추어 내담자의 권리에 대하여 논의하였다. 소위 자발적이라 불리는 상당수의 내담자들이 외부압력 때문에 도움을 요청하고 있는 현실과, 치료비를 지불하는 제3자, 고용주, 심지어 상담자들에 의해서 특정 치료방법이 강요될 가능성에 대하여 주목하고 있다. 저자들은 내담자에게 치료방법을 선택할 권리가 주어져야 한다고 제안한다. 그로 인해 내담자가 치료에 임할 때 적어도 자신이 어떤 프로그램에 참여할지 선택할 수 있는 것이다.

이 책은 아동학대신고에 관련된 문제들도 적절히 다루고 있다. 저자들은 연방법(federal statutes)에 근거한 중독 프로그램 내의 내담자 비밀보장 지침이 아동학대신고를 요구하는 주법(state statutes)보다 중요한지에 대해 십여 년 넘게 진행되어 온 맹렬한 논쟁을 정확하게 제시하고 있다. 저자들은 이 문제를 명확하게 하는 연방법과 현재 중독분야에서 통용되고 있는 윤리규범에 대하여 언급하였다.

이 책의 저자들은 중독분야에 있어 가장 독특하고 도전적인 문제에 대하여 구체적인 논의를 제시하고 있다. 한 예로 재활 중인 전문가들이 같은 A.A. 또는 지지그룹에 '내담자'로서 참여하게 될 수 있다는 사실을 다루었다. 흥미롭게도 저자들은 이러한 현실에 대해 우려하기보다 A.A. 내에서의 접촉은 부득이한 경우라고 간명하게 언급하고 있다. 저자들은 우선적으로 전문가에게 치료와 A.A.집단의 역할 차이를 기억할 것을 강조하며, 이 상황을 어떻게 대응해야 하는지에 대해 현실적이고 훌륭한 제언들을 하고 있다. Bissell과 Royce는 이러한 상황에 처한 전문가들이 A.A.에서 만난 이전의 내담자와 상담시간을 예약하거나 단 두 사람만 있게 되는 상황을 피한다면 큰 문제는 생기지 않을 것이라고 말한다.

저자들은 또한 중독전문가들이 직면할 수 있는 이전 내담자들과의 성적인 관계에 대해서도 논하고 있다. 저자들은 여러 가지 문제점을 제시한 후, 이런 부적절한 관계를 가지지 말 것을 충고하고 있다.

이 책에는 중독전문가들과 프로그램이 당면한 경제적인 압박에 관한 논의도 제시되어 있다. 저자들은 단기적 비용절감에 우선적 가치를 두는 직업 환경이 초래할 수 있는 윤리적 딜레마에 대하여 언급하고 있다. 경제적인 이유로 인한 허구 진단(diagnostic sub-terfuge)에 관련된 압박감에 대한 고찰과 함께 Bissell과 Royce는 솔직한 논의를 통해 우리가 피하고 싶은 문제들에 대해 생각해 볼 수 있는 기회를 제공하였다.

이 책은 두 가지 유용한 자원을 제공하면서 결론을 맺고 있다. 주요 참고문헌 목록과 윤리강령 견본이 그것이다. 특히 윤리강령 견본은 윤리규범을 개발하고자 하는 프로그램과 전문가들에게 매우 유익할 것이다. 이 견본은 광범위한 윤리원칙을 포괄하고 있으며,

이 책에서 논의된 다양한 윤리적 딜레마에 관하여 구체적인 기준을 제시하고 있다. 직접 강령을 개발하고자 하는 전문가들에게 이 책은 중요한 밑거름이 될 것이다.

현명한 상담자와 행정실무자들이라면 자격인증 기관이나 전문가협회가 윤리규범을 만들어 줄 것을 기다리고만 있지는 않을 것이다. 오히려 자발적으로 프로그램과 전문가들이 윤리규범을 만들어 나갈 수 있도록 도와줄 것이다. 치료적 딜레마는 일상적인 것이다. 매일같이 일어나는 이러한 문제들은 입법화, 법정판결 또는 위원회의 결정을 기다려 주지 않는다. 중독전문가가 추구해야 할 목표는 다음과 같다. 즉, 내담자 치료, 그리고 대중과 여타 전문가들이 중독분야에 대하여 어떻게 인식하고 있는지를 잘 파악하는 것이다.

기원전 400~500년경에 히포크라테스의 선서가 기록되었다. 히포크라테스가 제시했던 윤리규범 하나하나를 따져 보지는 못하더라도, 이 선서 전문이 내포하는 뜻은 주목해 볼 만하다. "거룩과 순결로써 나는 나의 천직을 실천할 것이며 …… 나는 그 누구의 집에 가든지 아픈 이들을 위해 갈 것이다. 나는 자발적으로 나 자신을 해악과 부패에서 삼갈 것이며 ……." Bissell과 Royce는 중독전문가들도 이에 못지않은 기준을 가슴속에 품을 것을 기대하며, 이 책을 통해 높은 이상을 향해 나아갈 수 있는 지침을 제공하고 있다.

Gary Richard Schoener
(미네소타 미니애폴리스 Walk-In 상담센터 소장 및 심리학자)

저자 서문

몇 년 전에 나는 ALMACA(Association of Labor-Management Administrators and Consultants of Alcoholism, 현 근로자지원 프로그램 [Employee Assistance Program: EAP])의 윤리위원회를 담당해 달라는 요청을 받았다. 그 당시에도 윤리강령이 있었지만 회원들에게 이를 실천하도록 하는 것은 아직 어려운 시기였다.

과거에 내가 받은 윤리관련 교육은 1949년 콜로라도 대학교에서 받은 윤리수업과, 의과대학 시절에 들었던 한두 개의 강의가 전부였다. 나는 히포크라테스의 선서를 읽고 암송했으며, 그것에서 묻어나오는 전통성과 고상함을 좋아했다. 그리고 환자의 복지보다는 경제성을 우선시하던 미국의학협회(American Medical Association: AMA)의 윤리강령은 나의 양심에 가책을 느끼게 했다.

나는 다른 전문가들과 함께 거주치료시설(residential treatment facility)을 위한 윤리강령을 확립하려는 시도를 하기도 했다. 그 당시 우리는 발생 가능성이 높은 의료소송에 관한 두려움과 규정을 준수해야 하는 의무감 사이에서 많이 갈등했다. 우리는 내담자의 이익을 위한 윤리적 결정을 내리기 위해 의료소송에 대한 두려움들을 의식적으로 피해야 했는데, 거기에는 우리의 기준을 세우는 것이 가장 바람직했겠지만 그리 쉽지는 않았다. 거주치료시설을 위한 윤리강령을 구체화하려는 이전의 시도가 있었을지라도, 나는 그런 사례를 찾을 수가 없었다.

그 후 1979년에 나는 SECAD(알코올과 약물남용에 대한 남동지부 연합회)에서 상담윤리에 관한 연설을 요청받았다. 강의 준비를 위해 많은 전문가들에게 실제 경험과 고민에 관해 물어보았는데, 대부분 이를 공유하는 것을 꺼리지 않았다. 그들은 어려움에 관한 다양한 실례를 제공해 주었고, 동시에 많은 질문을 하였다. 내 강의는 이들의 이야기를 모은 것에 가까웠다. 이렇게 흥미로운 소재로 준비한 연설이 사람들의 관심을 끌 수 있을 거라는 예상은 했지만, 그들의 반응은 기대 이상이었고 이는 나를 매우 놀라게 했다.

청중들은 윤리문제를 자각하고 고민하는 것이 처음은 아니지만 이에 대한 강의를 듣는 것은 처음이라고 했다. 그들 중 한 사람은 "누군가 드디어 입을 열었군요. 이제야 우리는 이것을 이야기할 수 있게 되었습니다."라고 말했다.

이 책은 이러한 논의를 지속하기 위한 노력의 상징이라 할 수 있다.

-LeClair Bissell

알코올과 다른 약물중독 분야의 전문가들은 새로운 전문직을 개발하고 있으며, 윤리강령은 그 전문성의 초석이라고 말할 수 있다. 아직 시작 단계에 있는 우리들은 전문적 활동의 전통을 세워 나가야 한다. 이는 중독분야를 구체화하는 데 있어 그 출발점이라 할 수 있다.

아직은 미개척 분야이기에, LeClair Bissell과 나는 중독에 대해 정답을 말하기보다 올바른 질문을 하려고 노력했다. 우리는 중독 분야의 훈련생들과 숙련된 전문가들 모두 전문가의 윤리와 관련된 토론과 정보를 필요로 하고 있음을 인식하게 되었다. 근로자지원 프로그램(EAP) 상담자를 대상으로 실시된 1986년 전문성 개발 및 훈련 요구조사에서 윤리가 1위를 차지했으며, 현재 미국 대부분의 주에서는 알코올과 다른 약물중독 전문가 자격증을 취득하거나 갱신할 때 윤리과목을 이수받을 것을 조건으로 하고 있다.

이 책의 공저자인 LeClair Bissell―전문중독상담자(C.A.C와 N.C.A.C. II)이자 의사, 미국알코올전문가의사협회 전 회장, 윤리추후판정위원회 의장―은 여러 해 동안 미국 전역의 전문가들을 관찰해 왔다. 그녀는 민감한 문제에 대하여 많은 사람들이 숨죽일 때에도 목소리를 높여 말할 수 있는 용기를 지닌 사람이다.

나는 심리학자로서 1950년부터 시애틀 대학교의 중독연구 프로그램에서 학생들을 가르치고 있다. 나는 예전부터 화학물질 의존자들과 배우자들을 상담해 왔으며, 의료 윤리에 대한 강의를 하기도 했다. 내가 워싱턴 주위원회의 공동의장으로서 알코올중독상담자 자격기준에 관해 집필한 최종원고는, 1974년 자격증 취득에 관한 최초의 국가적 시도인 미국 알코올 남용과 알코올 중독 Littlejohn 위원회의 공식 채용서류(working-paper)가 되었다. 나는 1976년부터 미국 알코올과 약물의존평의회(National Council on Alcoholism and Drug Dependence)의 책임자를 맡아 오고 있다. 면허위원회(licensing board)의 의장직을 세 번 역임하면서, 주의 심리학자 윤리강령(state psychology ethics code)을 관리하였고, 회장으로 당선되었으며, 이후 전미 공무원 심리학자 위원회의 이사를 맡았다.

이 책의 제목에 등장한 '중독(Addiction)' 이라는 단어는, 알코올이 미국의 약물문제에 있어 가장 주요한 문제임에도 불구하고 여러 종류의 마약 상용이 널리 퍼져 있기에 전문가와 치료기관들이 모든 종류의 중독에 대해 반드시 짚고 넘어가야만 하는 현실을 반영한 것이다. 또한 최근에는 뇌신경전달물질과 수용체에 관한 생화학적 연구가 발전하면서 알코올과 다른 약물 활동의 밀접한 연관성을 확인하고 있다. 이 책에서 '알코올과 다른 약물의존' 과 '화학물질의존' 이라는 단어는 모든 종류의 중독을 의미하며 상호교환적으로 사용되고 있다. 알코올은 치료와 회복에 있어 다른 약물의존과 거의 비슷한 양상을 보인다. 하지만 이것을 독립적으로 언급하는 이유는 미국에서 알코올이 니코틴 다음으로 가장 심각한 문제이기 때문이다.

나는 이 책을 통하여 모든 중독전문가들이 일하기에 좀 더 나은 환경이 구축되기를 소망한다.

- James E. Royce

[전문가]

THE WORKER

새로운 전문직

전문가란 무엇인가? 전문가의 사전적 의미는 특정 분야의 지식과 윤리강령을 공유하고 같은 분야에 종사하는 동료에 대해 관심을 가지고 있는 사람들의 집단이다. 윤리적 측면을 전문가가 되기 위한 본질적인 부분이라고 한다면, 여기서 말하는 윤리란 과연 무엇일까? 다시 한 번 사전의 도움을 받아 보면 윤리란 무엇이 선하고 옳은지 등에 대한 도덕적 원리를 의미하며, 의료윤리와 같이 특정한 인간행동에 관한 일련의 행위의 규칙들로 이루어져 있음을 알 수 있다. 보건의료서비스, 법, 사회복지, 성직 등의 영역에서 윤리강령의 주목적은 각 전문가 집단의 구성원들이 내담자와 가족들을 돕는 과정에서, 그리고 동료들과의 관계 속에서 적절하고 공정하게 행동하도록 안내하는 것이다. '무엇보다도 해를 가하지 않도록 조심하라(primum non nocere)' 라는 오래된 격언을 기억하며 특정 행동이 줄 수 있는 부정적인 영향에 대해 주의하는 것이 중요하다. 하지만 어느 특정 행동을 수행하지 않아서 해를 입힐 수도 있다는 점 또한 인식하고 있어야 할 것이다.

어떤 행동의 합법성 여부는 그 행동이 윤리적인지 아닌지를 결정하지 않는다. 공정한 법(good laws)도 있고 악법(bad laws)도 있다. 어떤 경우는 법정이 정의를 실현시켜 주기도 하지만 그렇지 못한 경우도 있다. 예를 들어, 의사들은 의료사고관련 소송으로부터 자신들을 보호하기 위해 불필요한 절차를 이행하는 경우가 종종 있다. 중독전문가들은 자신들 혹은 자신이 몸담고 있는 기관을 법률 분쟁으로부터 보호해야 할 필요와 환자들에게 불필요한 비용이나 불편을 감당하게 해야 하는 요구 가운데서 갈등하기도 한다. 윤리는 종교가 아니며, 인간행동의 경향을 반영하는 통계도, 다른 치료사가 환자를 빼앗지 못하도록 하는 노동조합협약도 아니다. 윤리는 인간 본성을 이성에 비추어 얻어낸 올바른 도덕적 행위 과학이다.

일반인과 다른 전문분야에 종사하고 있는 사람들은 전문가들이 스스로에게 높은 기준을 적용하며 동료 전문가에게 책임의식을 가지고 온전한 인격을 바탕으로 행동할 것을 기대한다. 윤리를 간단하게 정의한다면 '도덕적 용기의 습관' 이라 할 수 있다. 만약 이 분야에 종사하는 사람(worker)이 보조 전문가(paraprofessional)(저자들은 이 용어를 좋아하지 않는다)라고 불리는 것을 부당하게 느끼거나 진정한 전문가가 되기를 심각하게 고민하고 있다면, 자발적으로 전문가로서의 행동 전반에 대한 전통을 세워 나가야 할 것이다.

프로 운동선수와 아마추어 운동선수의 차이는 임금의 유무다. 사회복지와 보건의료서비스 영역의 경우, 특정 소수만이 사람들을 돕는 것보다 돈벌이에 더 많은 관심을 가지고 있다. 이러한 점을 고려할 때, 사업과 전문직의 차이는 전자가 금전적 이윤을 창출하는 데 우선적인 관심을 두고 있다면, 후자는 서비스 제공에 우선적인 관심을 가지고 있음을 알 수 있다. 진정한 전문가는 상사나 금전적 이윤을 위해 일하기보다는 환자를 돕기 위해서 일을 한다. 전문가는 사회 · 경제적으로 혜택을 받지 못하는 사람들을 위한 서비스 제공에 진정한 관심을 가진다. 성공은 이윤이 아닌 서비스의 질이라는 기준으로 평가된다. 세상에서 매우 숭고한 전문직 중에는 정말 배고픈 직업도 있다. 결과적으로 보수는 개인의 만족, 개인의 일상과 비밀 공유의 기쁨, 경외감 그리고 특권으로 평가되는 것이다.

물질의존분야 전문가와 관련된 특수한 고려사항

알코올과 약물의존분야에 종사하는 사람들은 보건의료서비스 분야 등과 같은 여타 전문직과 유사점을 지닌다. 하지만 다른 전문 분야에서는 경험할 수 없는 독특한 측면도 있기 때문에 이러한 차이점들에 대한 논의가 필요하다.

한 가지 특이한 점은 수많은 임상가들이 자신들이 돕고 있는 대상자가 경험하는 문제들로부터 회복된 사람들이라는 사실이다. 오랫동안 알코올과 약물의존은 병이라기보다는 유약함이나 도덕적 해이함의 증거로 간주되어 왔다. 중독으로 고통받는 사람들에게 성격장애라는 낙인이 찍히기도 했다. 물질의존을 경험했다는 것이 다른 정신질환이나 신체질병에 대한 면역성을 갖게 되었다는 의미가 아닌 것처럼, 어느 한 가지 성격 유형이 결코 특정 문제를 야기하거나 예방하는 것은 아니다. 어떤 물질의존자들은 성격장애를 경험하고 있지만 대부분의 많은 중독자들은 그렇지 않다. 실제로 그들은 아주 예민하게 발달된 죄의식에 의해 고통받고 있다.

A.A.(Alcoholics Anonymous, 알코올중독자 갱생회)의 12단계는 윤리기준, 성격적 결함에 대한 타인과의 토론, 회복을 위한 노력 및

지속적인 자기관찰에 대하여 언급하고 있다. 그 이유는 무엇일까? 한 개인이 자신의 행동을 수용하거나 합리화하지 못할 때, 그 사람의 내면에는 끊임없는 불편감이 존재하게 된다. 알코올중독자나 다른 약물중독자들은 적어도 그 순간만큼이라도 불편한 감정을 가라앉히는 방법을 너무 잘 알고 있다. 그래서 부정적인 감정이 너무 오래 혹은 너무 강하게 지속될 때, 알코올이나 약물에 손을 대고 싶은 유혹이 견딜 수 없이 커지게 된다. 결과적으로—물질의존이 도덕적 문제가 아닌 질병이라고 하더라도—중독자들은 계속 절제하기 위해서 남은 삶을 즐기기보다 '좀 더 도덕적인 행동'을 선택해야 한다. 지나친 죄책감이 계속 증가할 경우 이것은 실제적인 위협이 되지만 전문적, 개인적 측면을 적절히 고려한 윤리강령은 내면의 힘과 자신감의 근원이 될 수 있다.

전문자격인증

약물의존 상담자들은 다양한 학문적 배경을 바탕으로 광범위한 전문자격을 가지고 있다. 이들은 대부분 사회복지, 심리학, 정신보건간호 또는 의학적 배경을 가지고 이 영역에 입문한다. 그러나 불행히도 인지도가 높은 학교들을 비롯하여 대부분의 전문교육기관에서 학생들에게 약물의존 교육을 하기에 부적절하며, 관련 교육을 제공한다고 하더라도 그 내용이 부정확한 경우가 많다. 이러한 현상은 '중독분야의 전문가로서 효과적으로 기능하기 위해서는 특수한 지식체계가 필요하다.' 라는 인식의 부재 때문인 것으로 여겨진다. 교육기관이 이러한 특정 지식체계가 존재한다는 것을 인정하지 않는다면, 학생들은 관련 지식과 정보를 얻기 위해 노력해야 된다는 사실조차 깨닫지 못할 것이다.

때로는 적절한 교육을 받지 않아 심장외과에서 일하는 것을 감히 꿈도 꾸지 못하는 의사나 간호사가, 거리낌 없이 물질중독자에게 조언을 하거나 약을 처방하는 위험을 감수하는 경우가 있다. 불행히도 이러한 전문가들은 환자와 환자의 가족들에게 권위적인 존재로 느껴지기 때문에 이들의 실수가 정정되는 경우는 극히 드물다. 이들 전문가에게 중독관련 전문교육이 제공된다면, 다양한 분야의 전문적 배경은 대단히 유용하게 사용될 것이다. 많은 사람들이 의학박사학위(M.D.), 간호사자격증(R.N.), 철학박사학위(Ph.D.) 또는 사회복지사자격증(M.S.W.)을 취득한 후 전문중독상담자격인증(Certified Addiction Counselor: C.A.C.)이나 그와 동등한 자격을 획득하는 것은, 중독분야의 자격인증 외에 다른 학위가 중독치료의 근거가 될 수 없다는 사실을 환기시켜 주고 있다.

약물의존과 관련된 단기 프로그램만을 이수하고 자격증을 얻었거나 학위가 없는 상담자들의 경우에는 또 다른 종류의 문제를 경험하게 된다. 약물의존 교육과정에 정부 지원금이 투입되기 시작했던 1970년대, 각 대학들은 주로 석사과정에 알코올중독 상담과정을 개설하기 위해 노력했다. 대개 이러한 교육과정들은 다른 학과에 이미 존재하고 있던 과목의 일부분을 빌려 오고, 거기에 약물의존 치료기관에서의 실습활동을 덧붙여서 만든 것이었다. 약물의존 관련 분야가 새롭고 낯설었기 때문에, 새로운 분야의 학위를 가진 졸업생들을 고용한 사람들은 이들이 얼마나 제대로 교육되었고 준비되었는지 알 길이 없었다. 내용에 있어 부분적으로 대단히 뛰어난 교육 자료가 존재하기도 했지만 윤리적 행위규범에 대해 언급하는 경우는 극히 드물었다. 현재 대부분의 주와 주요 대학들은 중독전문가를 위한 윤리과목을 제공하고 있다.

그 누구보다 지위가 불안정한 사람들은 개인적으로 알코올과 약물의존으로부터 회복한 경험을 바탕으로 상담자가 된 사람들이다. 여성을 위한 사회복귀시설(halfway house)을 운영하고 있는 어느 한 현명한 관리자는 "맹장수술을 받았다고 해서 맹장수술을 할 수 있는 것은 아니다. 맹장수술의 경험이 이 분야에 대한 개인의 관심을 유도할지는 몰라도 결코 그 이상의 것을 고려할 수는 없다."라고 말한다. 다른 학위를 가진 전문가들이 약물중독 상담을 하기 위해 필요한 교육을 마쳐야 하듯, 개인적으로 약물중독을 경험한 상담자들 역시 필수교육을 받아야만 한다. 전자에게 다양한 학문적 배경이 강점으로 부각된다면, 후자는 성공적 회복의 모범적인 자질과 함께 약물의존자가 어떠한 종류의 감정적 고통을 경험하는지를 잘 아는 능력을 지니게 된다. 개인회복의 경험이 있는 전문가와 일반 전문가들은 서로 다른 강점으로 환자를 상호 보완적으로 도와줄 수 있는 동시에 의도하지 않은 경쟁구도를 만들어낼 수 있다(Krystal and Moore, 1963; Lemere, 1964).

독자들은 저자가 A.A.의 빅북(Big Book)*에 의거하여 '회복된(recovered)'이라는 단어를 사용하고 있음을 알 수 있을 것이다. 여

---

*빅북은 A.A.의 기본서로 1939년 최초로 출간되었다. A.A. 모임의 창시자인 William G. Wilson과 Robert H. Smith가 저술한 이 책에는 알코올 중독자의 개인 경험과 해결을 위한 노력, 12단계 프로그램의 과정 등이 구체적인 예와 함께 실려 있다. '익명의 알코올 중독자(Alcoholics Anonymous)'라는 공식적인 명칭을 가지고 있는 빅북은 400장이 넘는 책의 두께 때문에 '큰 책'이라는 뜻의 별칭으로 통용되고 있다.

기서 '회복된' 이란 단어는 물질의존자가 다시는 알코올이나 다른 종류의 기분변환 약물을 사용하지 않을 것이라는 뜻을 지닌 '완치 (cured)' 를 의미하는 것이 아니다. 이러한 이유로 어떤 사람들은 딱 한잔만, 딱 한 알만의 유혹을 이겨 내야 함을 스스로에게 상기하려고 '회복 중' 이라는 용어를 선호하기도 한다. 그러나 A.A. 지침서는 이 용어를 집단 밖에서는 사용하지 말 것을 경고하고 있다. 왜냐하면 일반인들이 그 용어를 잘못 이해하여 '회복 중' 이라는 말을 아직도 약물을 사용하고 있는 것으로 오해할 수 있기 때문이다(Royce, 1986). 미국알코올중독평의회(National Council on Alcoholism: NCA)의 설립자인 Marty Mann은 1976년 솔트레이크시티에서 개최된 학회에서, '회복 중' 이라는 용어가 보통 사람들에게는 37년간의 A.A.활동에도 불구하고 아직도 회복되지 않고 여전히 중독 상태에 있는 것으로 여겨지기 때문에, 결과적으로 A.A. 는 아무런 효과가 없다는 인식을 심어 주게 된다고 경고했다. 성장은 건강함의 증거다. 삶은 고정되어 있지 않기 때문에 완벽한 현상유지보다는 성장하는 과정이 회복된 알코올중독자들의 목표가 된다. '회복 중' 이라는 단어는 일시적 금주(temporary abstinence)가 완전한 단주(genuine sobriety) 혹은 지속적인 회복의 예증이 되지 못하는 초기 회복기에나 적절한 표현이다.

물질의존을 질병이라고 한다면 이 질병으로 고통받고 있는 희생자들을 환자라는 일관된 용어로 지칭해야 함에도 불구하고, 저자들은 환자와 내담자라는 용어를 혼용하고 있다.

어떤 측면에서 보면 물질의존상담자들은 하나의 특정 질병치료에만 헌신한다는 점에서 특수한 입장에 놓여 있다. 즉, 의사와 간호사에게는 다양한 질병치료가 요구되는 반면, 중독상담자들의 경우 다른 영역은 배제한 채 중독질환치료에 관련된 지식만을 가지고 있다고 간주된다. 그러나 인간이 가지는 문제들은 그렇게 단순하지는 않다. 그렇기 때문에 문제 해결 과정 중에 다양한 문제점들이 지체 없이 등장한다. 상담자가 알코올과 약물들에 대해서만 다룰 때에는 협소하고 제한적이며 융통성이 없다고 인식되는 위험을 감수해야만 한다. 다른 한편으로, 상담자들이 중독분야 외의 다른 분야를 더 부각시키게 될 경우 그 반대의 문제에 직면해야 한다(Keller, 1975).

알코올 및 약물의존에서 성공적으로 회복된 사람만이 역할모델로서 활동하는 능력을 발휘할 수 있다. 만약 내담자들이 성공적으로 회복된 사람을 긍정적으로 수용하고 존경하게 될 때, 이 사람은 신뢰와 본보기의 대상이 되어 약물의 도움 없이도 삶은 풍부하고 만족스럽다는 희망과 확신을 심어 줄 수 있다. 회복된 사람들이 가지는 역량은 지식뿐만 아니라 이전에 처했던 상황과 변화의 경험들을 모두 포괄하는 것이다. 이러한 자격들은 대단히 강력하지만 때로는 양날을 가진 검이 되기도 한다. 좋은 역할모델의 자질에 대한 기준은 무엇인가? 단주와 단약 또는 가족 회복을 평가하는 질적·양적 기준은 무엇이며 어느 정도가 적절한가? 『알코올 중독 분야에 종사하는 A.A.회원을 위한 지침서(A.A. Guidelines: For A.A. Members Employed in the Alcoholism Field)』에는 그들이 알코올중독 분야에 종사하기 전 적어도 3~5년 정도의 지속적인 단주 및 단약 기간을 가질 것을 제안하고 있다. 저자들은 최소한 3년 동안은 지속된 단주와 단약이 필수적이라고 생각한다.

경험의 수준

중독상담분야는 단지 몇 주 동안 단약을 한 경험만으로 스스로를 다른 사람들에게 조언해 줄 수 있는 자격을 가졌다고 착각하는 사람들로 인해 오염되어 왔다. 치료기관들은 이들을 쉽게 고용하고 착취하는 것에 대해 개의치 않을 수 있다. 다른 데서 일자리를 구하기 힘든 이 사람들에게는 월급을 많이 주지 않아도 되는데다가, 이들의 선한 의도는 진실하며 동시에 높은 수준의 열의와 헌신을 발휘한다. 고용자 입장에서는 안전한 환경(치료의 연장선상에서)을 제공한다는 명분하에 이 사람들을 고용하고 싶은 유혹이 들겠지만, 이것은 극도의 위험부담을 안는 것이다. 우리가 스스로 깨우치지 못한 것을 남에게 가르칠 수 없듯이, 자기의 질병을 겨우 해결해 가는 회복 중인 사람들은 개인 회복의 측면과 그들이 제공할 수 있는 상담의 질적인 면에서 큰 제한점을 지닌다. 그럼에도 불구하고 다양한 일화들은 환자에서 곧바로 치료사로 비약하는 장점만을 되풀이해서 예증하고 있다. 하지만 이러한 채용은 아직 완전히 회복되지 않은 사람들에게 보호작업장(Sheltered Workshop: 신체장애자를 위하여 집과 일터를 함께 마련한 곳)을 마련해 주는 것일 뿐이다.

만약 다른 약물의존자들과 함께 일하는 것이 한 개인이 정당하게 선택한 직업이라면, 그 선택은 깊은 고민과 훈련의 결과이거나 완전히 회복된 후 외부 분야에서 일한 경험이 있어야 할 것이다. 어떤 사람이 급하게 일을 시작하고자 할 때에는 그 저의에 대해서 주의 깊게 살펴보아야 할 것이다(Birch and Davis Associates, 1986; Staub and Kent, 1973; Valle, 1979). 아직은 소유하지 않은 자격에 대해서 단지 그 자격을 얻기 위한 과정을 밟고 있다는 이유로 관련 권리를 주장하는 것은 결코 윤리적이지 못하다.

약물의존자들과 가족을 상담하는 것은 여타 문제들을 호소하는 사람들을 상담하는 것과 본질적으로 동일한 상담자의 인격적인 자질(적절한 지식기반, 진솔성, 실제적 공감, 개인적 온정, 뛰어난 자기인지)을 요구한다. A.A.와 그 외의 12단계 집단*들(Twelve step groups)의 탁월한 성취, 그리고 이제는 상담을 하고 있는 A.A. 집단원들의 인상적인 수행능력은 큰 인정을 받아 왔다. 안타깝게도 일반 사람들은 잘 치료된 성숙하고 유능한 사람과 말만 번지르르하고 매력적인 사기꾼을 잘 식별하지 못한다. 치료기관 운영자들은 예전에 고용했던 직원들이 환자들과 그 밖의 우려되는 사람들을 위한다는 변명만을 반복하며 종결된 싸움이야기를 예시로 들면서, 직원 후보자들이 타인을 치료하는 권한을 부여받기 전에 신원을 철저히 조회하고 조사할 것을 요구한다. 최소한의 조사가 필요하다고 생각되는 매력적인 후보자들이야말로 어쩌면 철저한 조사가 필요한 사람일지도 모른다.

다른 사람들을 치료하고 싶어 안달이면서 자신들의 능력과 자질에 대해 이의를 제기하는 것을 꺼리는 사람들은 대부분 보건의료분야 전문가로서의 경력을 가진 동시에 중독으로부터 개인적인 회복을 경험한 부류다. 자신을 전문가로 보고 또 그렇게 보이는 것

---

*12단계 집단은 중독으로부터 개인회복의 성공을 위한 12가지 핵심지침을 따르는 공동체다. 원래 12단계는 A.A.의 초기 회원들이 겪은 경험을 토대로 단주에 성공하도록 돕는 데 중요한 신념과 활동을 명시하고 있는 A.A. 프로그램의 핵심 기제로 개발되었다. 이후, 여타 중독 문제의 회복을 위한 익명의 모임에서 사용되고 있다. 이 지침에는 개인이 중독물질이나 행동에 대한 충동을 통제할 수 없음을 인정하며 신의 돌보심에 대한 믿음을 고백하는 것 등이 포함된다.

에 이미 익숙해진 그들은 새로운 통찰과 개인적인 지식이 마치 그들에게 필요한 전부이며 일생을 바쳐 헌신할 만한 유일한 분야라고 여긴다. 이들은 종종 충분한 자격을 갖춘 전문가가 부족한 분야에서 인사(personnel) 문제에 대한 훌륭한 해결책으로 인정받으며 대환영을 받기도 한다. 때로는 이것이 긍정적인 작용을 하기도 한다. 하지만 관심이 능력을 의미하지 않듯이 개인의 회복 경험 또한 능력을 의미하지 않는다. 비록 선한 의도가 있다고 하더라도 물질의존자를 상담하는 것은 회복의 경험만으로는 포용할 수 없는 기술과 자질을 요구한다. 일반 사람들이 철저한 자격심사 이후 채용에서 거절되는 경우가 빈번한 반면, 최근에 회복되었거나 지금은 환자이지만 앞으론 전문가가 되기로 결심한 열정 있는 심리치료사나 의사들을 제재할 만한 자격기준은 없다.

알코올이나 다른 종류의 중독을 경험하는 가족원이 있다면, 그 문제를 마치 우리 자신의 것처럼 여기고 철저하게 대응하는 것이 매우 중요하다. 회복된 사람들은 금주기간마저도 성공의 작은 부분으로 여길 수 있다. 물론 이것은 수개월 동안의 치료 혹은 12단계 집단에 성실히 참여한 결과 때문이다. 하지만 문제를 인식하지도 못한 채 결혼상담과 Al-Anon(알코올중독자 가족모임)만을 참석해 온 중독자의 배우자에게 어떻게 이러한 정제하지 않은 기준을 적용할 수 있겠는가? 중독자 가족에 대한 분야가 과연 환자의 복지를 위한 것인지 아니면 개인적 위안을 얻기 위함인지를 결정하는 것은 환자나 우리 자신의 몫이다. 어떤 경우에는 이 둘이 혼합된 동기가 될 수도 있다. 그렇다면 이 분야를 무작정 회피하는 것은 옳지 않다. 우리는 이 위험에 대해 충분히 인식하고 있어야 하며, 이를 극복하기 위한 슈퍼비전 기술을 확보해야 한다.

차별

미국은 인종이나 교리, 출신국가, 피부색, 나이, 성 또는 성적 성향에 기인한 차별과 관련된 법과 전통에 대해 매우 경계하고 있다. 알코올중독과 물질중독은 장애인차별금지법의 보호를 받는 장애로 분류되고 있다. 약물중독 진단은 충분한 자격을 가진 사람에 대한 고용거부 및 해고의 근거가 될 수 없다. 하지만 약물의존 때문에 작업수행능력이 저조해서 해고되었다면 이것은 결코 부당한 처우라 볼 수 없다.

중독에서 회복된 사람들은 약물사용으로 얼마나 치명적인 결과를 경험했는가에 따라 서로에게 역차별적인 태도를 취하기도 한다. 우리는 현장에서 집도 없이 힘겨운 노력으로 단주에 성공한 자신의 경험과는 결코 동일할 수 없다며, "그는 완벽한 환경 아래 있었기에 단주에 성공했어요."라는 불평 아닌 불평을 듣기도 한다. 이러한 형태의 차별은 회복된 사람들과 아직까지 회복 중인 사람들 모두에게 적용될 수 있다. 즉, 중독으로 인해 정말 바닥을 치지 않은 사람에게 분노의 형태로 적대감이 표출되기도 하는 것이다.

성공적인 단주 경험은 합법적인 전문자격 요건으로 바람직한가? 아니면 회복할 필요가 없던 일반 사람들에 대한 차별요인이 되는가? 상담자의 중독경험과 회복은 장단점을 지닌다. 앞서가는 기관일수록 중독에서 회복된 상담자들이 다른 전문가들과 한데 섞여 있는 형태의 간부진을 선호하는 것처럼 보인다. 이러한 기관들은 회복된 사람들에게 몇 가지 혜택을 제공하고, 약물의존을 상담할 자격을 부여한다. A.A. 집단의 생존과 발전을 위해 제안된 열두 가지 원칙 중 전통 8(Tradition Eight)은 A.A.가 비전문적인 성격을 지속해야 한다고 한다. 그러나 이것은 각 구성원들이 전문가가 되는 것을 금지하는 것이 아니다. 한편, 직접적인 명시는 없지만 A.A. 전통은 A.A.의 회원이면서 전문가인 사람들이 담당 내담자의 스폰서가 되거나 소속된 치료기관 내 A.A. 모임의 의장직을 맡지 않을 것을 제안하고 있다. 이러한 행위는 내담자들에게 역할상 유의미한 차이가 있는 치료와 A.A. 활동 간의 혼동을 야기할 수 있기 때문이다.

재발 중인 상담자

회복된 상담자나 중독전문가가 재발을 경험하게 될 때 우리는 매우 어려운 문제에 봉착하게 된다(Bissell & Haberman, 1984). 그 순간부터 그들은 성공적인 역할모델로서의 자격을 박탈당하게 된다. 그 상담자는 가족을 부양하고 있는데다가 다른 종류의 일을 하기에는 자격이 불충분할 수 있다. 우리는 앞으로 누가 그 상담자의 업무를 대신 맡을 것인지, 그리고 그 상담자에게 일어난 재발이 음주나 심각한 약물사용이 아닌, 별로 위험해 보이지 않는 가벼운 정도의 약물사용이라면 어떻게 다룰지에 대해서 고민하게 된다.

재발한 상담자를 잠정적으로만 해고하기 위해 물질의존이 질병이라고 주장하며 근로자지원 프로그램을 통해 도움을 받게 하는 것은 모순적이지 않은가? 고용주는 만성적인 질병의 특성상 일정한 수의 사람들이 재발을 경험한다는 것을 잘 알고 있다. 우리는 바로 이 점에 대해 전문가뿐 아니라 일반인들에게도 우리의 행동을 통한 교육을 받을 수 있도록 할 의무가 있다.

환자들에게는 무엇이라고 말할 것인가? 개방성과 진솔성에 대한 교육을 받아 온 그들에게 거짓말을 해야 할 것인가? 만약 우리가 진실을 말하기로 한다면, 환자들에게 이제 막 재발에서 벗어난 사람에게 치료받으라고 요구하는 것은 정당한가? 우리는 대개 사람들에게 승자와 함께할 것을 조언한다. 환자들에게 성공하지 못하고 있는 사람을 집단의 지도자로 수용하도록 요구할 수 있는가? 이 중 어떠한 질문도 재발을 경험한 사람이 우리와 같은 사람이며 인간적인 연약함을 지니고 있다는 점을 고려하지 않고 있다. 결코 쉽지 않은 과정일 테지만, 우리는 반드시 결정을 내려야 한다.

치료기관의 규모가 크면, 재발을 경험하고 있는 사람은 다른 환자들과의 접촉이 필요없는 다른 종류의 직무를 맡을 수 있을 것이다. 그러나 4명의 직원이 전부인 조그만 사회복귀시설에서는 그러한 대안이 존재하지 않는다. 신입 입소자부터 직원지위의 단계로 구성된 대규모 치료공동체에서는 그 사람을 퇴소시키기보다 강등시키는 것이 하나의 가능성으로 간구될 수 있다. 하지만 대부분의 치료기관에서는 떠날 것이냐 머무를 것이냐 하는 식의 흑백논리적 결정을 내려야만 한다.

상담자의 재발은 시간문제다. 그렇기 때문에 이와 관련된 문제가 실제로 일어나기 전에 그에 대한 충분한 논의가 진행되어야 한다. 이로써 직원들은 어떤 일이 일어날 것인지를, 관리자들은 어떤 조치를 취해야 하는지를 알 수 있다. 원칙적으로 이러한 규칙은 새로운 직원이 고용되었을 때 미리 알려 주어야만 위기 시에 급한 결정을 내리거나 직원들끼리 다투는 일을 방지할 수 있다.

어떠한 정책이든 일단 시행되기 시작하면 기관의 운영과 직원 및 환자의 사기에 유의미한 영향을 미치게 된다. 어떠한 결정을 내리든 그 속에는 만족스럽지 못한 부분이 있기 마련이며, 재발이 된

36

경우에 모든 사람의 동의를 얻을 수 있는 정책은 없다. 하지만 신중하게 수립된 계획은 이러한 고민을 최소화할 수 있다.

최소 2년의 회복 기간이라는 초기 채용여건이 위배된 경우, 재발한 직원은 2년 내에 재고용될 수 없다는 현실논리가 적용된다. 시간을 빨리 흐르게 하는 방법은 없다. 다른 전문직에서는 사소한 일로도 자격증을 정지당하기도 하며, 아주 오랜 기간 동안 자격이 박탈될 수 있다. 중독상담자가 전문가로서의 권리를 요구한다면 이러한 제한점들을 받아들여야 할 것이다.

알코올과 다른 약물의 사용

약물의존 전력이 없던 사람이 중독분야에서 일을 하면서 의존문제를 경험하게 되는 경우는 문제가 더욱 심각해진다(West, 1988). 문제가 가시화되는 것에 대한 자각이 없었더라도 자신의 중독경향에 대한 인식이 이 분야에 입문하게 된 이유를 설명할 수 있을 것이다. 물질 의존(Chemical dependency)은 전염병이 아니지만, 때로는 그렇게 보이기도 한다. 정답은 존재하지 않는다. 하지만 치료기관의 직원들은 알코올사용과 약물사용의 적절한 기준이 무엇이며, 규정을 위반할 때 어떤 결과가 초래될 것인지에 대해 정확히 알고 있어야 한다. 만약 직원이 자신의 사생활문제는 고용주나 동료들이 관여할 부분이 아니라고 불평한다면, 이 분야에서는 약물사용과 이것을 사용하는 사람의 신념체계가 직무와 직결되어 있다고 밝히는 것이 필요하다. 예를 들어, 누군가 인간이 경험하는 문제의 해답이 약물을 통해 얻어진다고 믿는다면, 그 신념은 그가

하는 일에 영향을 미칠 수밖에 없다. 이러한 질문들에 대한 논의는 그 사람을 고용한 이후가 아닌, 고용 이전에 충분히 이루어져야 할 것이다.

[역 량]

COMPETENCE

분야와 한계

일상생활에서 만나는 가장 일반적이면서도 어려운 문제 중의 하나는 바로 개인역량에 관한 물음이다. 그 누구도 모든 일을 다 잘할 수 없다. 그렇다면 과연 어디에다 적절한 한계선을 그을 수 있는가? 우리가 제아무리 열심히 정의를 내리고 어떠한 방책을 간구한다고 하더라도 환경과 시간, 성격, 개인적인 재능에 따라 달라지기 때문에 그 한계선을 파악하기란 쉽지 않다. 어떤 기술들은 쉽게 습득된다. 하지만 또 어떤 것들은 절실한 노력을 요구하기도 한다. 몇몇 문제들을 면밀히 관찰하면 우리는 우리의 한계에 대해 잘 지각하고 대응하며 잠재적인 함정을 피할 수 있을 것이다. 무엇이 우리의 능력 안에서 수용되고, 무엇이 현재 능력 범주를 넘어선 것인지 그 차이를 인식하는 지혜를 갖도록 노력해야 한다.

상담이 이루어지는 환경과 성직자, 심리학자 혹은 동료 중독상담자 같은 조력 전문가들의 접근 가능성 정도는 환자와 상담자 모두에게 다른 차원의 기대와 요구를 이끌어 낸다. 여전히 미국의 많은 지역과 다양한 국가에서는 전문자격의 유무에 상관없이 알코올 중독상담자들의 개업에 대한 법적 규제가 없다. 치료팀의 일원으로 임상현장에서 일하던 때의 상담자는 정기적인 슈퍼비전을 제공받으며 응급상황 시 의사, 숙련된 사회복지사 및 다양한 도움에 접근이 용이했던 반면, 이제는 이러한 기능들을 혼자서 감당하려고 애쓰고 있을 것이다. 상담자도 환자도 변함없지만 상황은 예전에 비해 너무나 달라졌다. 개업전문가(Private Practice)들은 자질에 대한 의문이 제기되는 것에 대해 불쾌하게 여긴다. "나는 매주 브라운 박사님께 슈퍼비전을 받고 그 비용을 지불하고 있다구요! 그런데도 나를 믿지 못하나요?" 그녀의 말은 사실이다. 하지만 그녀의 질문에 대한 대답은 "그래요, 나는 당신을 믿지 못합니다."이다.

이 전문가의 솔직하고 선한 의도를 인정하는 것은 어려운 일이 아니다. 하지만 그 상황에 만족하는 것은 또 다른 문제다. 개업전문가들은 모든 전문분야의 윤리강령에 따라 슈퍼비전을 받으며 팀의 일원으로 일하는 것보다 더 많은 자질과 전문적인 훈련이 요구된다. 개업전문가가 되기 위해서는 약물중독 상담훈련을 비롯하여 최소한 석사 이상의 법적 자격요건을 갖추어야 한다.

퇴원 이후 적절한 사후 계획을 제공하지 못하는 것은 명백한 윤리실천의 불이행이다. 그러나 이보다 더 미묘한 문제는 내담자들이 회복 단계에 들어갈 때 발생한다. 많은 상담자들은 새로 온 내담자의 '부인(denial)'이라는 자아방어기제를 깨뜨리는 것, 내담자들에게 자신들이 물질의존상태임을 자각시키는 것, 금주를 목표로 세우도록 하는 것, 회복이 가능하다는 사실을 받아들이게 하는 것에는 무척이나 훌륭하다. 이제 내담자는 상호지지집단으로 자연스럽게 편승되어 새로운 대처 기술을 배우게 된다. 치료집단에 참여하기 시작하고 금주상태로 살아가는 것에 점차 익숙해지며 자신감도 갖게 된다.

이것은 마치 성공적인 사례로 보일 수 있다. 그러나 6개월 후에는 이 같은 장밋빛 이야기가 조금씩 퇴색되기 시작한다. 초심이 변질되기 시작할 때, 금주가 결혼생활을 회복시키지 못할 때, 이직의 결정을 내려야 할 때, 질풍노도의 시기를 거치고 있는 청소년 자녀를 양육하는 노력이 무가치하게 여겨질 때, 성기능이 완전히 회복되지 않을 때, 그리고 무엇보다도 금주에 대한 보상이 실효성 없다고 여겨질 때, 내담자와 상담자 모두 더 이상 서로가 맞지 않다고 생각할 수가 있다. 현재 요구되는 치료와 지침은 새로운 기술들을 요구할 수 있다. 내담자도, 상담자도, 치료환경도 그대로이지만 문제가 달라졌다. 이 상황에서 필요한 역량은 현재 가지고 있는 능력에서부터의 발전이 아니라 지금과 다른 종류의 자질을 갖추는 것이다.

때때로 상담자는 자신의 능력범주를 넘어서는 문제를 맡을 때가 있다. 오랫동안 관심을 받지 못하고 방임된 알코올중독 가정에 개입하는 것에는 큰 의미가 있다. 그러나 한두 번의 결혼실패 경험이 관련지식의 전부인 결혼상담전문가와, Al-Anon(알코올중독자 가족모임)을 몇 번 방문한 게 전부인 상담자를 가족치료사로 인정하며 그들에게 상담을 맡기는 것은 과연 정당한가? 이러한 일은 흔히 일어나고 있으며, 그 결과 중독문제가 있는 한 명의 회복을 위해 나머지 가족 전체의 욕구가 희생되는 일이 일어나고 있다.

상담자들은 종종 문제가 존재한다는 것을 부인함으로써 개인적인 편견과 한계를 다룬다. 어느 한 상담자는 성기능 장애에 관하여 심각한 불안증세를 보이는 내담자에게 어떻게 대응할 것인지를 묻는 질문에, 아직 금주 단계에 있는 내담자에게 이 문제를 다루는 것은 시기적으로 이르며 시간이 지나고 신체적인 치료가 되면 자동적으로 해결될 것이라고 열심히 설명했다. 적어도 이 치료사에게 있어서는 문제가 해결되었다.

어느 상담자는 지난 한 해 동안 클리닉에서 자신이 담당했던 동성애자 내담자와 동성애자 동료의 비율을 묻는 질문에 한 명의 내담자가 동성애자였고 동료직원 중에는 동성애자가 없다고 대답하였다. 그러나 조금 더 면밀히 관찰해 보았다면 각 집단에 최소한 20%의 동성애자가 있다는 것을 쉽게 식별할 수 있었을 것이다. 그러나 이 상담자는 동성애자를 식별하고 그들과 함께 일하는 것에 대한 부가적인 훈련의 필요성을 부인하였다. 무지는 지금 당면한 문제를 그냥 덮어 버리도록 할 뿐만 아니라 우리가 대비해야 할 문제들에 대해서도 민감하지 못하도록 한다. 다른 인종이나 문화적 배경을 지닌 사람들을 대하는 것이 불편한가? 청소년이나 보청기를 끼고 있는 할머니를 대하기 어려운가? 정신지체자, 장애인 혹은 이중 또는 복합장애를 지닌 사람들을 피하고 싶은가? 암이나 AIDS에 걸린 사람들은 어떤가? 단순히 못생겼거나 까다로운 사람, 또는 이젠 정말 나았겠거니 했는데 반복적으로 재발하는 사람들에 대하여 화가 났는가?

모든 집단에 잘 맞거나, 또는 집단의 욕구에 대해 민감하거나 잘 아는 사람은 없다. 우리는 최선을 다해 우리가 할 수 있는 것과 할 수 없는 것을 잘 알고, 우리가 직접 도울 수 없는 내담자들에 대해서는 그들의 특수한 욕구를 가장 잘 충족시킬 수 있는 최선의 환경을 제공하는 능력을 지녀야 한다. 현존하고 있는 문제를 무시하며 그것을 해결하지 않고 방치하여 환자가 다른 사람으로부터 받을 수 있는 도움을 받지 못하게 막는 것이야말로 진정한 실패다.

도움 구하기

한 개인이 제공할 수 없거나 제공하지 않기로 결정한 서비스에

44

대해서 타 기관에 의뢰하는 것은 그 분야에 대한 개인의 훈련 및 역량을 한정 짓는 것이며 중요한 전문적 의무 중 하나다. 대부분의 경우, 사람들은 모든 것을 혼자서 이루어 내고 싶어 한다. 그러나 진정한 전문가는 어떠한 시기에 어디서 도움을 구해야 하는지를 잘 알고 있는 사람이다. A.A.는 오랫동안 특정 제휴(affiliation)를 하지 않고 다양한 전문가들과 협력해 오고 있다(참고문헌의 A.A.관련 부분을 확인하라.).

어느 한 사회복지사는 물질의존전문가와 사회복지사의 전문적 협력관계에 대한 모순적 태도에 대해 언급하였다. 그것은 물질의존전문가들이 자신들에게 의뢰하지 않는 사회복지사에 대해 불평하는데 정작 그들도 훈련되지 않은 분야에 대해 전문성을 가진 사회복지사에게 의뢰한 적이 한 번도 없다는 것이었다. 과거에는 어쩌면 성직자와 심리치료사들이 회복 중에 있는 내담자의 눈살을 찌푸리게 했을 수도 있다. 그러나 중독에서 회복된 상담자들은 중독 이외의 이슈들도 확인할 필요성이 있으며 의뢰는 호혜적 관계라는 점을 기억해야 할 것이다. 최근의 한 연구에 의하면 내담자의 91%가 치료기관에서는 영적인 필요가 적절히 채워지지 않는다고 불평하고 있는 것으로 보고되었다. 441명의 내담자들을 대상으로 3년간 이루어진 1983년의 연구는 치료에서 '가장 무시되는 요소'로 영적인 부분을 지목하였다. 이러한 현실은 윤리적인 의무가 치료적 책임의 일부라는 것을 암시하고 있다(성직자와의 협력에 대해서 Apthorp, 1985를 참고하라.).

사람들은 알코올이나 다른 약물중독문제와 관련하여 물질의 사용 그 자체만을 문제로 여기는 경우가 많다. 단순히 약물사용을 중단한다고 해서 가족문제 및 다른 문제들이 해결되는 것은 아니다.

약물사용 당시에는 무시되었거나 감춰져 있던 새로운 문제들이 단약과 함께 종종 수면 위로 떠오르게 된다는 것은 익히 알려진 사실이다. 이렇게 새롭게 등장한 문제들은 의료, 법, 영성, 결혼생활, 직업, 경제 분야 등에서 또 다른 전문적 도움을 필요로 한다. 이제는 역량 있는 전문가로 인정받는 어느 한 성실한 A.A.회원은 중독상담자로 활동하는 전국 A.A 회원들의 모임에서 어떤 사람이 간염에 걸렸을 때 우리는 그를 병원으로 보내지, 결코 "더 많은 회의에 참석하시오!"라고 권고하지 않는다고 말했다.

이중진단

의사가 아닌 중독상담자(Nonphysician counselor)와 A.A.회원이 내담자에게 의사로부터 처방받은 약을 먹지 말라고 권하는 것은 그들의 능력범주를 완전히 넘어서는 행위다. 이것은 무면허의료행위이며, 이로 인해 중독자가 약을 먹지 않아 사망하였다면 이것은 살인과 다름없다. 우리는 여기서 대체중독(substitute addiction)이나 공동상승작용(synergism)의 위험성을 가지거나, 때로는 처방의 유무에서 벗어나 치료에서 오용되고 있는 암페타민(amphetamines), 바르비투르산염(barbiturates), 아편제(opiates), 벤조디아제핀(benzodiazepines) 등과 같은 중독성 정신활성약물(psychoactive drug)을 언급하고 있는 것이 아니다. 이러한 약물들은 그 사용에 있어 언제나 논쟁의 중심에 서 있다. 우리는 다양한 의학적 혹은 심리적 문제 (심장병 환자를 위한 강심제, 당뇨병 환자를 위한 인슐린이나 구강 혈당강하제, 간질 환자를 위한 다일랜틴, 조울증 환자를 위한 리튬)가 있는 중독자들을 위한 합법적 약물들에 대해서 이야기하고 있는 것이다. 정신활성약물이나 알코올 및 아편제의 대용제가 아닌, 오히려 알코올중독치료에 사용되기도 하는 다이슐피람(Disulfiram)과 날트렉손(naltrexone)의 사용 역시 논의의 쟁점이 되는 경우가 있다.

이중진단이란 동시에 알코올과 다른 약물에 중독된 것을 지칭하는 것이 아니라 중독과 정신질환이 한 환자에게서 발견되는 것을 의미한다. 이러한 이중진단은 지난 10년 사이 급격하게 증가하고 있다. 이는 새로운 윤리적 문제를 보여 주는 것이 아니라, 중독전문가와 정신보건전문가가 서로 자신의 영역을 넘어서지 않고 상대의 전문성을 존중하는 협력의 중요성을 강조하는 것이다. 중독전문가들은 알코올과 약물중독이 단순한 정신질환 징후가 아니라 주요 질환으로 인식되도록 노력하고 있다. "당신의 중독된 뇌로는 심리치료를 받을 수 없습니다."라는 말은 식상해졌다. 중독문제와 정신질환 중 무엇이 먼저인지, 그래서 어느 문제가 먼저 해결되어야 하는지를 판단하기 위한 많은 노력이 있어 왔다.

진단이나 치료에 대한 규정을 정하는 것은 우리의 관할이 아니다. 그러나 우리는 언제나 자신의 전문분야에 대해 기민하게 주의를 기울이고 서로의 한계를 인정하며 내담자들의 이익을 위해 협력해야 할 의무가 있다. 이 책의 공저자 가운데 전문자격인증을 받은 심리학자마저도 대부분의 심리학자들이 중독을 제대로 이해하지 못하고 있다고 밝혔다. 아무리 양질의 수련을 받은 중독상담사라 할지라도 일반적으로는 정신질환 진단 및 치료에 있어 유능하지 못하다. 자살 전조(suicidal threat)에 대한 부적절한 반응은 법률적, 인간적, 윤리적으로 밀접한 관련을 지닌다.

현재 학사학위 소지자 중에서 중독분야가 아닌 심리치료 등의 전문분야에서 훈련을 받은 상담자의 비율이 더 큰 것으로 보인다. 이중진단의 중요성이 강조되는 지금, 이러한 추세는 분명히 긍정적으로 인식되고 있다. 하지만 위험부담이 큰 것도 사실이다.

그 예로, 몇몇 초보상담자들이 개인의 중독경험, A.A. 혹은 학위를 인정받지 못하는 상담자 훈련 프로그램 자격증을 기반으로 하는 나이 많은 상담자들을 얕보는 경우가 발생할 수 있다. 미국 내 몇몇 주는 상담자들이 일정 학위를 소유할 것을 요구하는 법안을 제출하기도 했다. 이와 같은 새로운 요구사항들이 약물중독분야의 특정 전문지식과 기술의 소유에 대한 주장이 아니라는 점을 미루어 볼 때, 이 법안제출의 우선적인 근거는 정치경제적 목적을 지니는 것으로 보인다. 그 예로, 미국 남쪽의 어느 주에서 특정적으로 성직자들에게 중독관련 지식을 증명할 의무를 면제한 것을 들 수 있다.

나이 많은 상담자를 존중하지 않는 것은 비전문적이며 초보상담자 자신에게는 큰 손해다. 무엇보다도 이들은 중독분야 전문성을 지닌 베테랑일 뿐만 아니라 삶과 경험, 그리고 A.A.관련서적에서 축적된 지혜를 지니고 있다. 다시 한 번 강조하지만, 심리학을 필요 이상으로 강조하다 보면 중독의 기초가 되는 기본 신경생리학을 놓치게 될 수 있으며, 학위를 너무 강조하면 관리자가 중독 특화 훈련과 경험을 과소평가할 수 있다.

다른 한편으로, 기존의 나이 든 상담자들은 심리학이 치료의 장기적인 효과성을 높인다는 현실적인 공헌에 대해 지나치게 '저 갖기는 싫고 남 주기는 아까워' 하는 태도를 보이는 경향이 있다. 재발 방지와 관련한 최근의 연구들이 상당히 잘 알려진 반면, 다른 접근들은 무지와 편견으로 인해 회피되어 오고 있다. 왜냐하면 이러한 접근들은 회복 중인 사람들을 위한 종합적인 금주보다는 음주 조절과 관련되어 있기 때문이다. 새로운 접근에 대한 비개방적인 태도는 내담자에게 회복의 기회를 박탈하는 것이므로 결코 전문적이거나 도덕적이지 못하다.

특정 행위 및 법원절차, 사전권고장(presentence recommendation) 작성법, 보호관찰관과의 협력방법, 법적 이해 등에 대한 무지는 상담자들에게 비효율적으로 활동하게 하거나 손해를 보게 할 뿐만 아니라, 무능해 보이게 해서 자신들의 전문성에 대하여 내담자들의 신뢰를 잃게 할 수 있다. 또한 몇몇 상담자들이 알코올 및 다른 약물중독자들을 법적 책임으로부터 교묘히 피할 수 있도록 도우면서 권력자처럼 행동하거나, 음주운전으로 검거된 모든 사람들을 알코올중독자로 당연시 여기는 경향은 참으로 유감스럽다.

내담자와 전문가의 책임

어떤 상담자들은 약물의존을 질병이라고 명명하는 것이 결코 모든 도덕적 책임을 회피하는 것이 아니라는 점을 망각하는 듯하다. 심리학자 Lewis M. Andrews 박사는 "가치중립적인 심리치료(value-free therapy)"에 대한 오해를 생생하게 묘사하면서 심리치료와 관련된 윤리적 가치에 대하여 자세하게 설명한다(Andrews, 1987). 내담자는 자신의 약물의존에 대하여 전적인 책임을 갖지는 않는다. 하지만 그에 대해 조치를 취해야 할 의무를 지니고 있다. 특히 이 질병은 선택의 자유를 제한하는 특성이 있다. 이로써 내담자는 무엇보다도 열린 마음으로 경청하고, 도움을 수용하고, 알코올 및 다른 약물 오용을 피할 수 있는 방법들을 선택할 의무를 지니게 되는 것이다. 내담자는 자신의 중독의 결과에 대하여 어느 정도 책임을 질 수 있지만, 결코 죄책감이 후회와 뒤섞여 혼동되어서는 안 된다.

범죄의 등급은 증거물에 근거하여 법정이 결정한다. 하지만 상담자는 내담자가 만취상태에서 저지른 기억나지 않는 범죄에 대해 법적 책임을 지적할 수도 있다. 때때로 상담자들은 내담자들이 중독의 결과—배우자학대 또는 자녀학대 등—에 대해 책임감을 갖도록 하는 윤리적인 의무를 지닌다. 아동학대 전력을 지닌 어떤 알코올중독회복자는 "이전의 상담자들은 내가 도대체 왜 이런 행동을 했는지를 이해하기 위해 급급했지, 당신처럼 그 행동을 하지 말라고 한 사람은 없었다."라고 말했다(이 문제에 대한 좀 더 알찬 토의를 위해서 Royce, 1989, 19장을 참고하라.).

능력의 범주를 넘어서는 일을 하지 않아야 하는 기본적인 규칙은 개인뿐만 아니라 기관에도 적용된다. 예를 들어, 양질의 성인치료 프로그램으로 공인받은 기관이 청소년에 대한 특별교육을 받은 전문가나 청소년의 필요에 맞추어 개발한 구체적인 프로그램을 가지고 있지 않으면서도 청소년을 위해 다양한 치료 프로그램을 운영하는 경향이 있다. 이것은 비윤리적이다. 자격 없는 기관들이 상당수의 소수집단(흑인, 유대인, 동성애자, 아메리카 원주민 등)을 치료하는 것도 마찬가지다. 임시방편으로 프로그램이나 직원의 보충 없이 한두 명의 내담자를 더 수용하는 것은 정당화의 여지를 지닐 수 있다. 하지만 지나치게 많은 수의 사람들을 수용하거나 특수욕구집단에 대한 역량을 광고하는 것은 반드시 그에 대한 적절한 치료서비스를 제공할 것이라는 의무를 내포하는 것이다.

몇몇 주거 치료기관 중에는 지나치게 초기 목표를 넘어선 기관들이 있다. 그 기관들은 우선적으로 내담자의 직계가족이나 중요 타인(significant others)을 위한 프로그램을 개발한다. 그 후에는 알코올중독자 자녀들을 위한 치료를 시행한다. 그다음으로 도박문제와 섭식장애가 있는 내담자들을 다룬다. 또한 공동의존(code-pendency)이라는 이름으로 포괄할 수 있는 거의 모든 종류의 역기능 가족을 위한 프로그램을 운영한다. 최근에는 성 중독자들도 서비스 대상으로 고려되고 있다. 이들은 중독과 관련되었다는 공통점을 지니고 있으며, 12단계 프로그램은 마치 치료의 일부로 인식된다. 이러한 활동들은 일부 사람들에게 실제적인 도움을 제공하고 있음에도 불구하고, 다양한 문제의 여지를 남기고 있다. 재정적 이윤이 가장 큰 동기인가? 이 프로그램들의 유효성은 굉장히 일회적임에도 불구하고 비용이 매우 부담스러운 것이 사실이다. 우리가 고려해야 할 점은 이러한 기관에서 일하는 상담자들이 대면하는 내담자들의 문제가 상담자의 경험이나 훈련 수준을 훨씬 넘어선다는 것이다.

전문적인 발전

끝으로, 매우 복잡하고 급변하는 분야에서 경쟁력을 유지하려면 지속적으로 지식과 기술 개발을 위해 노력해야 한다는 것을 밝히고 싶다. 대부분의 전문가들은 자격갱신을 위한 지속적인 교육을 요구받고 있다. 그러나 연수교육(in-service training)은 개인의 제한된 직업경계를 벗어나 새롭고 참신한 관점을 소유할 것을 요구하는 최소한의 요건도 충족시키지 못하고 있다. 전문적인 발전을 개인적인 책임이라고 생각하는 의식 있는 전문가들은 자신의 분야에 도입되는 새로운 진보에 발맞추기 위해 최소한의 요구조건을 넘어서는 노력을 하고 있다.

전문가들은 지속적인 발전을 위해 전문 잡지와 새로운 책을 정기적으로 읽거나 연구회 혹은 학회에 참석하는 등 추가적인 교육을 받고 있다. 최초의 자격증을 받은 이후 더 이상 배울 것이 없다고 느끼는 것은 전문가 자신이나 내담자 모두에게 매우 위험하다. 전문가들은 자신을 향해 "내가 마지막으로 연구 보고서를 읽거나 자격증 갱신 이외의 목적으로 학회에 참가한 적이 언제였지?"라는 질문을 던질 수 있다(NIAAA, 1991, Linking Alcoholism Treatment Research with Clinical Practice를 참고하라.).

모든 윤리강령은 개인역량을 넘어서는 행위를 금지하고 있다. 이로써 우리는 지속적으로 자신의 한계와 내담자를 다른 기관에 의뢰하는 가장 적절한 시기를 잘 알기 위해 노력해야 한다. 한계는 경험이나 훈련 부족, 문제의 원인에 대한 이해 부족, 문제 자체의 복잡함이나 어려움, 내담자와 상담자 관계의 문제에서 야기될 수 있다. 이러한 문제들은 지속적인 교육과 임상 슈퍼바이저의 도움으로 해결될 뿐만 아니라 사전에 예방할 수도 있다(Powell, 1988).

내담자의 권리

RIGHTS OF PATIENTS

선택에 대한 오해

약물의존자 상담 영역에서 또 하나의 중요하고 예민한 사안은 내담자의 지위와 관련된 문제다. 대부분의 치료기관은 내담자들이 자발적으로 찾아오도록 하며 치료와 정보의 공개에 관하여 고지된 동의서를 제공해 오고 있다. 어떤 경우 이것은 비합리적일 수 있다. 내담자가 치료를 받도록 법적 구속력을 행사할 수 없는 것이 현실이며, 내담자들은 언제든지 상담실 문을 열고 떠날 수 있다. 하지만 내담자들이 상담실을 떠나는 동시에 직업이나 전문 면허증, 자녀의 양육권을 상실할 수 있다는 것 역시 기억해야 할 것이다. 때로는 이러한 선택이 교도소에 수감되는 결과를 낳기도 한다.

법적 규제에 의해 보호된 정신과적 문제를 가진 내담자와 달리, 알코올중독자나 약물중독자는 법적으로 변호사와 외부 의사의 도움을 제공받지 못하거나 적절한 치료기관에 의뢰되지 못한다. 미국 몇몇 주(state)를 제외한 대다수의 주에서는 법적으로 중독문제를 가진 내담자에게 치료를 제공해 주지 않고 있다. 심지어 법적인 근거가 마련되어 있는 주에서도 여전히 대부분의 내담자들은 소위 '자발적 환경'에서 치료를 받고 있다. 내담자들은 다양한 방식으로 치료에 임하게 된다. 극히 소수만이 외부 압력 없이 자의적으로 기관에 찾아온다. 내담자들은 강압하에서 혹은 음주상태에서 어떠한 결과가 야기될지를 올바르게 인식하지 못한 채 비밀안전보장(confidentiality safe guard)에 서명하기도 한다.

우리 사회에서는 법을 강화하고 교도소를 늘리고 형벌의 강도를 높이는 방법으로 많은 사회적 문제를 해결한다. 강제적인 법적 선고가 유행하고 있으며, 도로 이탈 운전자를 잡기 위한 강력한 단속이 증가하고 있다. 문제성 운전자가 잡혔을 때에는 조치가 취해져야 한다. 이 문제가 단순한 부주의 행동이 아닌 알코올이나 다른 약물과 관련된 문제라면 처벌의 대안이나 부가적인 조치로서 강제치료가 고려되는 것은 이치에 맞는 대응이 아닐까? 그렇다면 누가 치료에 관한 결정권을 가지는가? 어디서 누구에게 치료를 받게 할 것인가? 치료가 필요한 사람이 누구이고 어떤 치료를 제공하며 누가 치료비용을 감당해야 할지를 결정하는 데 있어 해당 주의 역할은 무엇인가? 환자의 이익이 우선시되기를 희망하지만, 정치논리가 결정과정에 큰 영향을 미치는 것이 사실이다.

일반 사람들은 약물의존자의 권리를 보호해 줘야 한다고 생각하지 않는다. 주에서 허가된 모든 치료기관이 내담자를 치료하는 데 긍정적인 영향을 미치지만은 않는다. 오히려 일부는 사실상 해를 끼치기도 한다. 이런 경우에는 치료를 통한 호전은커녕 상황이 악화되기도 한다.

과연 강제성 없이 치료에 개입할 수 있을까? 아마도 이러한 개입은 쉽지 않을 것이다. 과거 수많은 사람들이 아무런 도움을 받지 못한 채 죽게 했던 실수를 되풀이하고 싶지 않다면 치료에 강제성을 띠지 않을 수가 없다. 알코올과 다른 약물의존 증상으로는 부인과 자기망상의 특징이 있다. 치료 초기에 환자들은 스스로의 사고로 이성적 판단을 하는 능력이 어린아이보다 부족할 수 있다. 책임감 있는 치료사는 내담자가 얼마 동안, 특히 치료의 초기에는 합리적인 결정을 잘할 수 없으며, 내담자를 치료에 개입시키기 위해 약

56

간의 강제성과 외부에서 주는 압력이 전적으로 나쁘지는 않다는 점을 받아들여야 한다. 하지만 이런 상황이 얼마나 오랫동안 지속될 것인가? 강제적으로 치료가 행해졌을 때, 내담자에 대한 정보제공에 서명한 동의서의 유효기간은 얼마나 될 것인가? 치료에 협조할 것은 무엇이고 현실적으로 직업이나 자격을 상실하게 되는 것은 궁극적으로 무엇을 의미할까? 알코올이나 약물의 사용이 정신장애에 속하게 된 지금 치료기관이 이성적인 판단에 영향을 줄 수 있는 약물(예를 들어, 해독을 위해)을 내담자에게 제공할 때 과연 어떻게 (약 사용에 대한) 서면동의서의 타당성을 입증할 것인가?

내담자 개인 욕구에 맞추기

상담자, 치료전문가, 법률기관은 막강한 힘을 가진 위치에 있다. 만일 이들의 막강한 힘이 내담자에게 이익이 된다면 우리는 이 사실을 부득불 받아들일 수밖에 없을 것이다. 그러나 결정권자가 무지하거나 능력이 없거나 이기적일 때, 그 위험성은 너무나 자명하다. 관심사에 대한 잠재적 갈등은 충분히 존재할 수 있다. 서류상에는 드러나지 않더라도 프로그램 진행자가 내담자에게 강압적으로 치료를 받게 할 수도 있다. 때때로 내담자는 치료받을 장소와 프로그램 종류에 대한 선택권을 갖지 못한다. 이는 분명히 위험한 일이다. 만약 내담자가 원하지 않는 치료를 받도록 강요당한다면, 그들의 자유가 최소한으로 제재 받도록 조치를 취해야 한다. 치료기관을 선택한 사람은 어떠한 방식으로든 금전적 혜택, 지위 또는 특정한 호의에 따라 혜택의 기회가 달라지지 않도록 해야 한다. 어기에는 어떠한 유형의 이익 다툼도 없어야 한다.

완벽한 해결은 불가능하지만, 오래된 의료적 전통을 따르는 것이 이 문제에 대한 한 가지 접근법이 된다. 일단 문제가 명확하게 규명되고 치료를 위해 대상자를 의뢰하기로 결정하였다면, 내담자들은 가능한 한 자유롭게 치료기관을 선택할 수 있어야 한다. 즉, 누군가 보복을 목적으로 의뢰된 사람의 선호를 무시한 채 다른 의도가 내포되어 있는 대안을 결정하는 것이 아니어야 하며, 완벽히 자유로운 선택 상황이 주어져야 한다.

고용주나 전문가 입장에서는 하나의 치료기관과 계약을 맺고, 내담자가 그곳에서 치료를 받도록 권하고 싶은 유혹이 있을 수 있다. 직원들끼리 서로 잘 알기에 원활하게 일할 수 있고, 의뢰량이 많으면 적절한 선에서 비용을 조정할 수 있으며, 다른 방법으로는 얻기 힘든 병상도 이용할 수 있다. 모든 것이 단순하고 효과적이며 마음을 끈다.

자칫 고용주가 개입하여 고용인에게 제공되는 치료에 사업적으로 결탁하게 되는 문제가 발생할 수 있다. 미국에서는 치솟는 의료비에 직면한 집단과 외래치료 서비스 제공에 실패한 지역사회가 주도하여 새로운 프로그램을 시작하였다. 이 프로그램들은 재정난으로 인해 어쩔 수 없이 사용되었던 거주치료보다 비용이 적게 들고 치료의 긍정적인 효과성을 증명할 수 있을 것으로 기대된다.

문제는 고용주만이 내담자가 원하지 않는 치료를 받도록 하는 것이 아니라 동료 근로자들에 의해서도 치료방식과 진단이 결정된다는 것이다. 이는 내담자들이 예산 때문에 부적절한 치료를 받을 위험을 야기할 뿐 아니라 치료조건과 평가에 있어서 뒷공론이나 불공평을 야기할 수 있다. 모두가 같은 고용주 밑에서 일하고 있는 현실에서, 사내에는 시기심과 알력행사가 존재한다. 그렇기 때문에 법적, 윤리적 개입의 축소는 분명히 위험한 상황인 것이다 (Nye & Kaiser, 1990).

약물의존에 대한 치료는 다른 어떤 질병에 대한 치료처럼 개별화될 필요가 있다. 특정 치료기관이 모든 내담자에게 최상의 장소는 아니다. 기관마다 서로 다른 강점과 약점을 지닌다. 어떤 곳은 특별히 여성에게 좋으며, 어떤 곳은 노인, 또 다른 곳은 젊은이들에게 좋다. 어떤 기관은 인종을 차별하고 있고, 어떤 곳은 가족을 위한 특별 프로그램을 제공하고 있다. 어떤 곳은 기본 치료 프로그램을 비롯한 기타 유용한 의학적·정신과적 치료를 제공한다. 일부는 통증관리에 특성화되어 있다. 어떤 기관은 다른 기관에 비해 단기치료를 제공하기도 한다(기관들의 특성화 목록을 모두 나열하자면 더 길어질 수 있다).

이렇게 치료기관들이 다양할 뿐만 아니라, 치료기간에 따라 치료의 질도 다양한 차이를 보여 준다. 치료는 종종 기관의 최고 지도자의 인성과 신념을 반영한다. 직원의 이직률이 높거나 전문가들이 서로 잘 지내지 못하는 기관에 보내질 때 내담자는 상처를 받을 수 있다. 그러므로 치료의 질에 대한 주기적인 점검이 필요하다. 특정 고용주나 기관이 대부분의 사례를 동일한 치료 프로그램에 의뢰하는 경우, 그 상황은 신중하게 조사되어야 한다. 개별 내담자의 모든 필요를 충족하는 형태로 치료를 제공하는 것은 바람직하지 않다. 의뢰한 기관과 의뢰받은 기관 사이의 협력이 위협받을 수 있기 때문이다.

치료의 효과성 평가

최근까지 건강관리 제공자들은 치료비의 정당성을 증명하거나 치료 효과를 입증하는 일이 매우 드물었다. 병들어 고통 중에 있다는 사실만으로도 치료받을 권리를 확립하기에는 충분했다. 치료 효과가 충분히 증명되지 않은 경우에서도 치료제공에 대한 합의가 이루어졌다. 하지만 알코올과 다른 약물문제는 다른 방식으로 간주되었다. 정부 정책입안자와 보험관계자들은 중독치료가 성공적이고 비용 효과적(cost effective)이라는 것을 증명하는 객관적인 연구결과를 지속적으로 요구하였다. 비만인 사람의 당뇨와 흡연자의 만성 기관지염, 폐기종, 순환계 문제는 의문의 여지없이 보험의 적용을 받아 치료된다. 반면에 약물의존 치료가 제공될 때 근로자지원 프로그램은 지속적으로 장기결근, 사고, 재산상 손해에 대한 근거를 제시해야 한다. 고용인은 약물의존에 대한 치료가 효과적이라는 점을 고용주에게 증명하고, 치료기관 역시 고용주와 보험관계자에게 치료의 효과성을 증명해야 한다.

치료결과를 확인하고 증명하는 데에는 합당한 이유가 있다. 일반적으로 알코올중독과 다른 약물중독 치료에 대한 결과는 긍정적으로 여겨지며 권장되고 있다. 하지만 건강관리를 위한 비용지불과 불가피한 예산 조절에 대한 고민이 증가하면서, 중독치료의 긍정적인 효과성에 대한 연구 자료를 수집하는 일이 중요하게 되었다. 하지만 이것은 분명하게 제3자나 외부인에 의한 객관적인 평가보다 설득력이 떨어진다. 또한 우리는 치료기관이 자랑하는 프로그램 성공에 대한 실제 연구에서 그 효과성이 기대에 미치지 못하는 것을 자주 확인하게 된다. 어떤 연구결과는 정확하고 분명하게 분석되어 참으로 유용하지만, 때때로 결과가 조잡하거나 조작되어 잘못 분석된 경우도 있다. 신뢰를 바탕으로 무엇이 환자에게 효과적이고 비효과적인지에 대한 정보를 공유하고자 할 때에는 양질의 데이터와 잘 정의된 목표가 전제되어야 한다. 또한 이상과 실제는 반드시 구별되어야 한다.

실례로, 헤로인 중독자를 위한 메타돈 유지 프로그램의 효과성에 대한 논쟁에서 일부 약물의존 전문가들은 약물 없는 생활양식(a drug-free lifestyle)이 치료의 기본 목적이 되어야 한다고 주장한다. 한편, 거리생활에 친숙한 사람들에게는 단약이 이상적일 수 있지만 헤로인 중독으로 심각한 범죄가 발생한 경우에는 오히려 지속적인 메타돈 유지가 더 나을 수도 있다고 주장한다.

상대적으로 소수의 집단만이 고통스런 전기충격, 부적절한 대뇌엽 절제술, 그리고 다른 가혹한 수단으로 치료받은 적이 있다고 보고하였다. 여기에는 동성애, 아동 성추행(심지어 거세가 제안되었던 곳에서), 약물의존 집단이 포함된다. 낙인은 언제나 그래왔던 것처럼 심각한 문제일 수밖에 없다. 사회가 특정 집단이나 행동에 대해 단정적인 태도로 분개할 때 우리는 치료라는 명분하에 이루어지는 치료와 처벌의 차이에 대해 명확하게 인식하고 있어야 한다.

이 책에는 많은 이슈가 제기되고 있다. 하지만 이에 대한 쉬운 답은 존재하지 않는다. 여기에는 화려한 과장이나 의견이 아닌, 엄격한 책무성, 정직한 자기평가, 정확한 치료 목적과 결과의 보고가 강조되고 있다. 성공여부 측정에 다양한 접근방식들이 있다는 점은 문제가 되지 않는다. 그렇지만 치료 수단에 대한 객관적이고 장기적인 외부 평가가 이루어지지 않았다는 점은 문제가 된다. 우리는 우리의 주관적인 의견이나 예상에 부합하지 않는 사실을 간과하고자 하는 경향을 가진다.

우리는 이 사회의 알코올과 다른 약물의존자의 수를 과장하지 않도록 노력할 것이다. 어느 특정한 치료적 접근이 환자들의 다양한 문제에 대한 해답을 제시해 줄 수 없다는 사실은 더 이상 논쟁의 대상이 아니다. 우리 사회의 약물문제는 부풀려질 필요가 없을 만큼 충분히 심각한 상태다. 알코올이나 약물로 인한 비극으로 인해 우리가 해야 할 일들은 점점 더 많아질 것이다.

비밀보장

전문가의 비밀보장 윤리는 여러 가지 복잡한 문제들을 야기한다. 치료과정에서 환자에 의해 제공된 개인정보는 환자의 신분이 노출될 수 있는 어떠한 상황에서도 사용되어서는 안 된다는 것이 비밀보장의 기본적 원리다. 그러나 동시에 정보제공이 너무나 모호하여 특정한 내담자와 동일한 기관에서 치료를 받고 있는 다른 내담자들이 낙인찍히지 않도록 하는 적절한 수준의 정보노출에 대한 논의가 필요하다. 전문가들은 내담자가 약물을 하지 않은 이성적인 상태일 때 작성한 서면동의서가 부재한 경우에는 특정 인물이 치료기관의 환자라는 사실을 포함하여 어떠한 정보도 누설해서는 안 된다. 서면동의서를 얻지 못한 상태에서 전문가는 믿을 수 있는 직장동료나 배우자에게도 환자의 사적인 비밀을 공유할 수 없다. 이는 상담자가 비밀을 유출하는 것이 진정으로 내담자를 도울 수 있을 것이라고 믿는다고 할지라도 반드시 실천되어야 한다.

비밀정보(privileged communication: 법정에서 증언을 강요받지 않는 비밀정보)는 법정에서 증언하도록 강요받을 수 있는 의사, 간호사, 성직자, 심리학자, 기타 많은 전문가들을 보호해 주는 데 적용되는 법률용어다. 주마다 비밀정보의 보호를 받는 전문가의 종류는 다르다. 중독상담자가 법에서 정한 전문가 범위에 포함되지 않을 때에는 일반적으로 소환 시에 반드시 증언을 해야 한다. 일부 주에서는 이러한 법적 예외조항이 내담자가 신뢰하는 면허를 가진 전문가에게 적용되기도 하며, 여기에는 상담자가 포함될 수도 있다. 이특권은 오직 내담자에 의해서만 철회될 수 있다. 더군다나 내담자가 법적 권리를 철회했을 때라도 전문가는 여전히 내담자의 최선의 이익을 보호할 윤리적 의무를 가질 수 있다.

전문가는 법적 특권과 관계없이 내담자의 비밀을 존중할 의무를 가진다. 그러나 이 원칙은 항상 절대적이지는 않으며, 예외적인 상황이 발생하기도 한다. 우리는 환자나 제3자에게 심각한 해를 끼칠 만한 분명하고 긴급한 위험이 확인될 때, 경찰이나 희생 대상자에게 정보를 제공하여 비밀보장을 유지하지 않을 의무를 가진다. 이것은 위험이 불분명하거나 단순한 가능성을 가진 경우가 아니라, 분명하고 긴급한 경우여야 한다는 점을 명심하자. 이 위험은 단순히 불편하고 사소한 것이 아니라 심각한 해를 끼치는 것이어야 한다.

어렵고 복잡한 사례에 대해서는 전문적인 자문이 허용된다. 하지만 자문가에게도 동일한 수준의 비밀보장이 요구된다. 윤리와 연방법은 의학적 응급상황에서 변호사나 의사에게 자문을 구할 권리를 상담자에게 부여하지만, 약물 단속반에게 중독이 의심되는 사람을 조사할 정당한 이유를 부여하지는 않는다. 일부 예외 법률은 살인이나 의료과오(배임행위)와 같은 경우에 비밀정보를 노출하는 것을 허용한다. 또 다른 예외사항은 환자의 목적이 범죄나 사기행위를 진행하는 데 있어서 조언을 받기 위할 경우다. 이러한 비밀보장에 대한 예외사항은 직원 정책 설명서(manual)에 명시되어 있어야 하며 내담자는 이에 대한 정보를 반드시 제공받아야 한다.

비밀보장에 있어 전문가의 기록과 서신의 비밀보장에 대한 교육을 고려할 필요가 있다. 자원봉사자는 내담자 정보에 접근할 수 없으며, 입원환자의 이름마저도 개인정보라는 점을 명심해야 한다. 슈퍼바이저는 상담자에게 A.A. 모임에서 어떤 대화가 있었는지 물어볼 수 없다. 집단의 지도자는 모든 집단 구성원과 치료자에게 비밀보장의 의무에 대해 설명해야 한다(Gazda, 1978). 만약 직원이 누군가를 식사에 초대했을 때, 방문객 역시 문제를 야기할 수 있다. 어떤 사람들에게는 자신이 본 사람에 대해 입을 다무는 것이 쉽지 않기 때문이다.

미국 정부는 약물의존 치료 기록의 비밀보장에 대한 엄격하고 세밀한 규제를 내놓았다('비밀보장[Confidentiality]', 1975, 1982). 이 규제들은 다른 질병의 건강관리자들에 대한 규정보다 훨씬 엄격하다. 예를 들어, 어떤 사람이 일반병원에 입원해 있는 경우 진단과 세부기록은 비밀보장으로 남는다. 그러나 어떤 사람이 약물의존 치료기관의 내담자로 있다는 사실은 그 자체가 진단이기 때문에 정보제공에 대한 서면동의서 없이 입원 사실을 공개할 수 없다. 그러나 어떤 사람이 과거에 특정 기관에서 치료를 받았냐는 질문에 거짓 응답을 할 수는 없어도, 한 가지 가능한 대답은 "연방법은 내가 어떠한 정보라도 누설하는 것을 금지한다."이다. 더군다나, 다른 기관이나 전문가에게 정보를 알려주도록 서명한 일반적인 동의서는 충분하지 않으며, 동의서에는 정보공개의 대상과 치료기간에 대한 정보가 반드시 포함되어야 한다. 명확하게 명시된 동의서 없이 다른 기관에 공인된 정보를 제공하는 것은 금지된다. 연방법은 법정이 비밀보장 정보의 공개에 대한 권한을 가지도록 허가하지만, 이것은 오직 금지령을 푸는 것뿐이지 공개를 요구하는 것은 아니다.

때로는 제3의 지불자가 치료의 필요성과 치료비의 상환 가능성 여부를 증명하기 위해 기록 열람을 주장하는 경우가 있다. 이것은 특히 어려운 상황이다. 윤리적으로 올바른 규칙은 향후 내담자의 취업을 어렵게 하거나 명성을 손상시킬 수 있는 어떠한 사적 정보의 노출 없이 내담자가 보험 보상을 받을 수 있도록 오직 최소한의 정보만을 제공하는 것이라고 생각한다. 제3의 지불자에게 정보공개를 할 경우에 담당 의사나 부서 책임자에 의해서만 이루어져야 하며 고용인, 노동조합, 내담자와 내담자의 가족을 통해서 이루어져서는 안 된다. 게다가, 모든 제공된 정보에는 "비밀보장: 연방법은 더 이상의 공개를 금한다."라는 도장이 찍혀 있어야 한다(Blume, 1977, 1987).

주의 깊게 기록을 보관하는 것은 내담자와 동료들의 권리를 보호하기 위해 필수적이다. 내담자에 대한 정보가 증거로 소환되었을 때 의사가 기록을 조작하는 어떠한 상황도 허용되어서는 안 된다.

비밀보장과 아동학대 문제

법적 갈등에 관한 문제는 언제나 어렵다. 아동학대의 기록을 요구하는 주법(state law)과 내담자가 치료기관을 이용하는지에 대해서도 비밀보장을 요구하는 연방법(federal law)의 충돌이 하나의 예가 된다(NIAAA, 1979). 어느 윤리학자들은 아동의 학대받지 않을 권리가 약물의존으로 확인되지 않은 학대자의 권리보다 앞서는 것이 공정하다고 주장한다. 일부 다른 학자들은 알코올이나 다른 약물문제를 가진 부모가 자녀양육권을 상실할 수도 있다는 두려움 때문에 치료기관 입소를 꺼리지 않도록 비밀보장이 전제되어야 한다고 주장한다(Lewis, 1983; King, 1983).

미의회는 1986년 8월에 '공법 99-401'을 통과시키며 이러한 법적 갈등을 해결하였다. 연방법(42 U.S. Code ss290dd-3 and ee-3)은 "이 금지령은 적합한 주 기관에게 주법 아래 아동학대나 방임이 의심되는 사건을 보고하는 것에는 적용하지 않는다."라는 문장을 추가하여 개정하였다. 새로운 법률이 아동학대나 방임에 대한 기록에만 적용되며, 중독에 대한 정보나 기록에 대해서는 적용되지 않는다. 시민권과 헌법상 권리에 대한 법관 분과위원회 의장인 Don Edward 대표에 따르면, 기록이 환자에 대한 조사를 수행하기 위해 또는 범죄를 증명하기 위해 사용될 수 있기 전에는 법원의 명령을 요구하는 세부항목에 영향을 미치지 않는다고 한다.

또한 기록에 대한 접근 제한은 아동에게 실제적인 위험이 닥쳤을 때만 철회된다. 단순히 부모가 알코올이나 다른 문제를 가졌다는 이유로 기록을 열람하는 것은 허가되지 않는다. 그러므로 법률은 아동학대가 의심되는 경우에도 가능한 최대한의 비밀보장을 유지한다. 법적 절차에 관한 매뉴얼은 반드시 이러한 법적 균형을 반영해야 하며, 내담자에게 비밀보장 권리에 대한 예외조항을 설명해야 한다.

합법성의 여부를 떠나 여전히 몇 가지 윤리적 문제가 존재한다. 치료기관 입소에 따른 의무신고는 약물의존 문제를 가진 부모가 치료기관에 입소하는 동시에 아동학대 조사를 받게 된다는 지역사회의 오해를 일으켜 많은 치료 프로그램을 위태롭게 할 수 있다. 이는 아동보호 시스템을 저해할 뿐만 아니라 아동학대에 대한 실제적인 투쟁 노력을 위협할 것이다. 태아를 보호하기 위한 목적으로 임신한 중독자들을 구금하고자 할 때, 일부 여성들은 실제 아이의 탄생 때까지 모든 종류의 건강관리를 거부한다. 심지어 일부는 감옥행을 택하느니 유산을 선택한다. 실제 일부 여성들은 탯줄을 통해 미성년자에게 약물을 투여했다는 죄목으로 출산 후에 구속되었으며 아이들과 격리되었다(예: 잭슨 대 플로리다).

아동학대 사례에 있어 아동을 위한 우리의 자연스러운 관심이 피고인의 권리에 대한 인식보다 앞설 것이다. 그 결과 여기서는 죄가 증명될 때까지 무죄라는 추론은 적용되지 않는다(Gardner, 1991). 이 문제는 전생치료법(regression therapy)—때로는 지도화된 심상, 최면 또는 마사지 등 암시성을 높이는 모든 기술의 사용—을 통한 아동학대의 '억제된' 기억을 제시하는 치료사가 증가하면서 더욱 복잡해진다. 버클리 대학교 심리학자 Margaret Singer 박사와 워싱턴 대학교 심리학 교수이자 증언의 기억력 분야의 전문가인 Elizabeth Loftus 박사의 연구에 의해 보고된 50건의 철회 사례로 이러한 추정된 '기억'의 일부는 신뢰가 불가능하다는 것이 확인되었다. 임상 실천과 윤리는 사건에 대한 내담자의 설명을 보충하거나 수식하기보다 치료 회기 중 내담자가 보고한 문장을 그대로 사용할 것을 지지한다.

의무적 약물검사

역사적 관점에서 조명할 때 강제적 약물검사에 대한 문제는 충분한 논의의 가치를 지닌다. 알코올과 다른 약물의존을 처벌 대상에서 제외시키려는 움직임이 있던 1970년대 초반 이전에 물질의존은 범죄로 간주되었으며 약물의존자들에게는 치료기관보다 감옥이 더 적합한 장소로 간주되었다. 마침내 우리는 질병을 가진 사람을 감옥에 가둬 놓는 것이 알코올이나 약물의존 치료에 효과적이지 않음을 깨닫게 되었다.

1980년대 초기에 대규모의 법과 규제에 대한 국민 발의권 운동이 다시 시작되었다. MADD(Mothers Against Drunk Driving: 음주운전 반대 학부모 모임), RID(Remove Intoxicated Drivers: 음주운전 반대 모임), SADD(Students Against Driving Drunk: 음주운전에 반대하는 학생 모임)를 비롯한 음주운전문제 관련 시민단체들이 조직되었으며 처벌과 치료는 동시에 이루어져야 한다고 주장하였다. 청소년에게 알코올을 제공한 판매상과 부모, 그리고 문제를 일으킨 음주운전자와 동승하고 있던 사람이 명백하게 취한 상태인 경우에는 운전자와 동일한 책임을 지게 되었다. 부모집단은 중독치료에 조력하는 방안으로 엄격한 사랑(tough love)의 태도가 필요하다고 주장하였다.

이러한 분위기에서 헤로인, 마리화나, 코카인 사용 저지에 대한 정부의 실패가 보고되었고 신문기사는 크랙의 유행을 크게 다루었다. 1984년 선거 유세 기간 동안, 공화당과 민주당은 약물에 대하여 강경한 모습을 보여 주고자 경쟁하였고 후보자들은 소변검사 도입을 공약으로 제시하였다. 지원된 재정의 대부분이 약물사용자를 확인하는 데에 사용된 반면, 연구와 치료에는 매우 적은 양의 자금이 배분되었다. 자금의 일부는 예방사업에 할당되기도 하였지만, 많은 부분이 약물 금지 및 관련 법령 시행에 배분되었다. 자금은 보다 많은 감옥, 검사, 국경 경비대, 국경의 항공기 개발 및 지원에 사용되었고, 미국에 대한 약물 수출로 경제의 많은 부분을 의존하고 있는 라틴 아메리카를 압박하는 데 투자되었다.

이와 더불어 불법 약물사용의 유무를 확인하기 위한 소변검사에 대한 요구가 증가하였다. 약물과 AIDS 검사는 군대의 관례가 되었다. 사기업의 고용인들도 약물검사의 대상이 되기 시작하였다. 연방기관에 종사하는 근로자에 대한 대대적인 검사가 강행되었으며, 정책입안자는 근로자들이 투쟁할 경우에만 잠깐 뒤로 물러서면서 검사에 대한 세부사항의 책임은 개별 부서로 이전하였다. 약물검사는 뜨거운 법정 논쟁의 대상이 되었다.

이는 과연 윤리와 어떤 관계가 있는가? 무언가 숨기는 것이 없다면 군이 검사를 반대해야 하는 이유가 무엇인지에 대한 논쟁이 일어났다. 플로리다 의학협회에 소속된 의사들은 검사를 받을 의지가 있음을 표현하였다. 이에 대한 윤리적 고찰이 필요한가? 전문가들은 반드시 특정한 입장을 취해야만 하는가? 만약 그렇다면 어떻게 해야 하는가?

저자들은 전문가들의 윤리적 관여가 필요하다고 생각한다. 만약 "아무것도 숨길 것이 없다."는 주장이 타당하다면, 우리는 누군가가 우리의 편지를 읽고 개인 의료기록을 열람하거나 침실을 엿보는 것을 반대할 필요가 없다. 권리장전과 모든 개인에 대한 사생활 보호는 알코올과 다른 약물을 사용하는 사람을 검거하는 데 실패

할 위험보다 훨씬 더 가치 있다. 이것은 단순한 선택이나 충동적이 아닌, 신중한 판단을 위하여 심사숙고되어야 하는 사안이다.

소변검사를 속이는 교묘한 방법들은 다양화되고 있으며, 검사가 시행되는 곳에서는 깨끗한 소변이 판매되고 있다. 소변 표본을 수집하는 유일한 방법은 표본이 누구의 것인지 일일이 확인하는 것이다. 물론 이 작업에는 귀찮은 과정이 발생하기도 하지만 소변검사로 골머리를 썩고 있다면 필수적인 방안으로 고려될 수 있다. 상담자가 이 과정에 관여해야 할 때, 환자와 상담자 사이에 형성되어야 하는 신뢰관계는 어떻게 되는가?

검사 방법 자체도 많은 문제점을 가진다. 예를 들면, 미국에서 가장 흔하게 사용하는 약물인 알코올은 많은 검사 프로그램에서 배제된다. 더군다나, 현재 유효한 검사는 비용이 비싸거나 부정확한 결과를 얻기도 한다. 정확성을 보증하기 위해 양성판정을 받은 검사결과는 반드시 다른 종류의 검사결과와 비교되어야 하며 검체 보관 네트워크는 바꿔치기를 방지하기 위해 보호되어야 한다. 대부분의 검사가 중독 여부가 아닌, 약물의 사용 유무만을 알려 주기 때문에 결과 해석에 어려움이 따른다. 근로자들에 대한 임상 평가를 위해서는 경험이 많은 중독전문가가 필요하다. 이는 물질의 사용, 남용, 중독을 구분하는 것은 단지 검사결과를 읽어내는 것보다 높은 수준의 전문성을 요구하기 때문이다.

설사 검사결과가 정확할지라도, 검사결과의 사용이 그들의 정해진 목적에 따라 제한될 거라는 보장이 희박하다. 제공할 수 있는 치료는 부족한 상태에서, 고용주가 해당 고용인을 해고하기 위해 검사결과를 이용하는 것을 막을 방법이 거의 없다. 고용주는 중독 장애에 대한 적절한 평가와 재활 프로그램에 참여할 기회를 제공하기 전에 어떠한 고용인도 해고하지 않아야 한다.

만약 검사가 임신을 확인하는 데에 쓰인다면 어떻게 될까? 의학적인 이유로 바비투르산염을 복용해야만 하는 간질환자의 소변에서 약물이 검출되었다는 이유로 해고되거나 승진의 기회를 잃는다면 어떨까? 알코올과 약물의존에 대한 연방의회(NCADD: National Council on Alcoholism and Drug Dependence)는 1993년에 의무적 약물검사에 관한 많은 주의점과 제한점을 포괄하는 정책을 발표하면서 일반적으로 친근로자적인 근로자지원 프로그램이 선호되고 있음을 표명하였다.

다시 말해, 우리는 의무적인 약물검사에 대해 충분히 생각하고 적절한 행동을 취할 필요가 있다. 여기에는 무작위 검사(작업 능력에 미치는 명백한 영향과 손상의 증거가 있을 때 시행하는 검사에 대립하는 것으로서)에 대한 반대뿐만 아니라, 검사를 받는 것에 대한 개인적인 거부가 포함될 수 있다. 만약 소수의 사람만이 검사를 거부하고 대다수의 사람들이 조용히 따라간다면, 이 거부는 유죄임을 반증한다고 주장하기는 쉬울 것이다. 만약 우리 중 많은 사람들이 무작위검사 시행을 거부한다면, 그렇게 주장하기는 어려울 것이다. 이는 사생활을 보호해 줄 것이냐와 잠재적인 위협을 가진 근로자가 비행기를 운전하거나 위험한 기계를 조작하도록 내버려둘 것이냐의 선택에 국한되지 않는다. 근로자의 역량을 평가하는 데 있어서 과도한 의학적 검사를 요구하지 않으면서도 선별해 낼 수 있는 방법은 다양하다.

우리가 목적, 가치, 이상에 대해서 잘 알고 있다 하더라도 그것을 현실에 적용하는 방법은 다양하다. 결코 쉽지도 않으며, 멈출 수도 없는 '완벽이 아닌 발전'을 향한 우리의 노력은 끝나지 않는다. 이 과정은 우리를 가장 고통스러운 결정과 동시에 가장 만족스런 결정을 하도록 이끌어 줄 것이다.

후천성 면역결핍 증후군(AIDS)

알코올이나 다른 중독으로 법망에 걸린 사람은 생각 없이 말을 하거나 온전하지 않은 상태에서 운전을 하고 가정폭력을 행한다. 폭력적이지는 않더라도 충동적이거나, 계획되지 않은, 종종 상대가 원하지 않는, 위험한 성적 행동을 한다. 한 여성은 단주의 좋은 점 중 하나가 아침에 일어나서 "당신은 누구죠? 여기는 어디인가요?"라고 말할 필요가 없는 것이라고 하며 복잡한 개인사를 일축했다.

우리는 사회에 심각한 영향을 미치는 질병, AIDS 시대에 살아가고 있다. AIDS는 생활방식이 아닌, 인간면역결핍바이러스(HIV)에 의해 발생한다. AIDS의 확산과 인간의 생존은 곧 우리의 행동에 달려 있다. 불행하게도, 미국의 최초 희생자는 완고한 편견을 가진 사람들이 가장 좋아하는 표적집단인 동성애자, 매춘부, 약물사용자, 아이티 사람 등이었다. 물론 소수이기는 하지만 혈우병 환자, HIV로 오염된 혈액 수혈자, 모체감염, 이성애자 중에도 AIDS 환자가 있다.

대중은 HIV 감염과 AIDS는 이성애자 사이에서는 퍼지지 않는다고 스스로를 설득하려고 한다. AIDS로 죽어 가고 있는 사람들에 대한 고민은 굉장히 제한적이다. 일부 사람들은 AIDS가 희생자들의 성적 성향과 약물 사용에 대한 하나님의 처벌이며, 그들이 심판

대 앞에 서 있다고 말한다.

변화는 일어나고 있다. 우리는 성적 접촉, 오염된 주사기나 혈액의 수혈을 제외하면 HIV 감염이 어렵다는 것을 안다. 이는 탁자나 변기 시트 또는 수영장을 같이 사용한다고 해서 감염이 되지는 않는다. 껴안거나 볼에 키스를 한다고 해서 전염되지도 않는다. 부모들은 자녀와 같은 초등학교에 다니는 AIDS에 감염된 학생들에 대해 예민하기보다, 자녀들의 건강과 안전을 위해 흡연을 못하게 하거나 안전벨트를 착용하게 하는 데 더 신경을 쓴다(C. EverettKoop, 1986에서 과거 미국 외과의사가 사용한 훌륭한 문구를 보라.).

다른 중요한 변화는 HIV 감염과 AIDS가 이성애자 사이에서도 퍼진다는 사실에 대한 인식이다. HIV는 모든 도시와 모든 사회계층에서 생기게 되었다. 특히 젊은이들 사이에서 고위험 집단이 아니면서 HIV를 가진 사람의 수가 점차적으로 증가하고 있다. 이 변화는 앞으로 계속될 전망이다. 새로운 HIV 집단에는 대부분 동성애자가 아닌 약물중독자와 그들의 성적 파트너가 포함된다. 약물중독자를 치료하는 전문가들의 대부분은 HIV에 감염된 사람들을 치료하고 있는 것이다. 일부 전문가들은 반드시 내담자를 통해서가 아니더라도 자신이 HIV에 감염되었다는 사실을 발견하게 될 수 있다. 일부 보균자들은 매우 건강해 보이지만 타인을 감염시킬 위험을 가진다. 아주 소수의 내담자만이 AIDS까지 발전하게 된다. 보균자와 AIDS 질환 사이에는 많은 단계가 있다.

재난이 발생했을 때 대부분의 사람들은 자신부터 우선적으로 구조되길 원한다. 하지만 전통적으로 특정 전문가들은 다른 사람을 도울 것으로 기대되어 왔다. 여기에는 의사, 간호사, 성직자, 선장, 소방관, 경찰, 군인이 해당된다. 중독상담자의 경우에는 많은 전통

지침을 갖기에는 아직까지 새로운 전문가로 여겨진다. AIDS를 가진 사람을 처음으로 치료한 사람들은 대단한 용기를 가진 사람들이었다. 그들은 AIDS가 일반 접촉으로는 전염되지 않는다는 것이 분명해지기 전에 환자들을 치료하였다.

암이나 폐기종 같은 다른 질환들이 치료 환경에서 합병증을 호소하는 반면에, AIDS는 질환으로 인한 문제 자체보다 이에 대한 우리의 감정으로 인하여 특수한 문제를 야기한다. 이로써 우리는 환자와 동료들이 갖는 비합리적인 공포를 다루어 주어야 한다. AIDS 환자가 같은 기관에 있다는 것이 알려지면 다른 환자들이 떠나거나 인지도가 떨어져 금전적 손실을 입을 것이라는 행정가들의 두려움으로 인하여 AIDS 환자들은 치료기관에서 갑작스럽게 퇴원하게 되기도 한다. 심지어 AIDS나 HIV 감염 환자가 타인에게 위험하지 않다고 하더라도 그러하다. 우리는 이제 HIV 감염자가 AIDS 환자가 되기까지 10년 또는 그 이상의 기간이 걸린다는 것을 알고 있다. 이 기간 동안 내담자는 치료의 혜택을 누리며 얼마든지 알코올과 약물 없이도 생산적으로 살아갈 수 있다.

누군가가 HIV나 AIDS에 감염된 경우에는 암환자를 대할 때와 같은 상황에 직면하게 될 것이다. 환자들의 심리적 상태와 신체적 상태가 향상되어 마치 회복된 것처럼 보이는 시기도 있지만, 실제로 그들에게 허락된 시간은 얼마 되지 않는다. 모든 죽어 가는 사람들은 우리에게 죽을 수밖에 없는 인간의 운명과 한계를 묵상하게 한다. 죽음의 시간은 다가오지만, 더 이상의 치료는 불가능하다. 단지 지연시킬 뿐이다. 더욱 안타까운 점은 대부분의 AIDS 환자는 노인이 아니라 젊은 사람들이라는 점이다. 인간과 동물의 중요한 차이는 인간은 자신의 삶에 끝이 오리라는 것을 알고 있다는 점이다. 그러나 이를 전적으로 받아들이기란 쉽지 않다. 내담자에게 남은 시간은 얼마 없기 때문에 우리의 시간과 에너지를 다른 내담자에게 사용하는 것이 더 좋을 것이라고 합리화하기가 얼마나 쉬운가? 내담자의 병상 곁에서 서서히 다가오는 죽음을 기다리기보다 불안해하며 도망갈 구실을 찾고 있는 자신을 인정하는 것이 더 어렵다.

HIV 감염에 대한 공포가 가라앉고, 이 질병의 조기사망률이 높지 않다는 점 등 여러 상황에 대한 가능성을 현실적으로 이해하게 되면 또 다른 문제점이 나타난다. 내담자가 동성애자일 경우, 상담자가 자신의 동성애 공포(증)를 다루지 않는다면 그 내담자를 피하게 될 수 있다. 동성애 역시 전염병이 아니다. 남자든 여자든 성 정체성이 확고하다면 두려울 것도 공격받을 필요도 없다. 만약 게이나 레즈비언과 함께 일하는 것이 상담자에게 불편하게 느껴진다면, 다음의 두 가지 방법을 따를 수 있다. 감정을 몰아내든가 그 한계를 인정하고 다른 상담자에게 의뢰하는 것이다(Finnegan & McNally, 1987; Gosselin & Nice, 1987). 현 사회환경에서 AIDS에 걸리거나 동성애자가 되는 것, 그리고 알코올이나 다른 중독자가 되었다고 인정하는 것은 정말 어려운 일이다. 내담자가 결코 원하지 않는 단 한 가지는 내담자를 내담자 자체로 인정하지 않는 상담자에게 상담을 받는 것이다. 만약 우리가 그들을 진정으로 받아들이고 사랑할 수 없다면, 이 길을 떠나 그들을 사랑하고 받아들일 수 있는 사람들에게 자리를 내주도록 하자.

[착 취]

EXPLOITATION

약물의존자들은 다양한 면에서 착취에 취약하다. 회복 초기에 내담자들은 알코올이나 약물사용으로 인한 혼란과 판단장애를 경험한다. 이후, 회복 단계를 지나 많은 발전을 이루게 되는 허니문 시기를 거친다. 이 시기에는 중독의 공포와 비참함 대신에 낙관적인 태도로 안정을 찾는다. 치료진에 대한 감사는 자연스럽게 따라오고, 치료자는 모든 정답을 알고 있는 듯한, 믿을 수 있는 지도자로서 인정받을 것이다. 내담자가 다른 사람들의 목표나 가치에 쉽게 영향을 받게 되는 회복과정 중에는 그들이 표출하는 충동적이고 염려스러운 행동에 대해 보호가 필요하다.

내담자에 대한 재정적 접근

의학계는 치료 혜택을 받은 사람들이 가장 중요한 후원자라는 점을 잘 알고 있다. 심각한 수술로부터 살아나고 그 결과에 감사하는 사람이 병원과 기적을 만들어 내는 사람에게 관심을 가질 수밖에 없다. 새로운 수술 기법을 위한 자금을 요청하기에 이들보다 더 좋은 대상이 어디 있겠는가? 만약 적절한 요청이 신속하게 이루어지지 않는다면, 환자는 치료를 받지 못한 채 살아가게 되며 전문가의 능력과 치료의 우수성이 무용지물이 되는 위험이 발생하게 된다.

이와 같은 절차가 약물의존 회복자에게도 적용되지만, 여기에는 유의미한 차이가 발생한다. 외과수술을 받은 사람들은 수술 이후에 곧 그들의 정신 과정을 통제할 수 있다고 기대되며, 아무리 의사에게 고마움을 느끼고 깊은 감명을 받았을지라도, 감정이 강하게 뒤얽히지 않은 상태로 무의식적인 전이(transference)만을 경험하는 경향을 보인다. 중독자는 자주 격앙된 감정을 경험하고 얼마 동안―6개월? 1년? 2년?―생각을 잘 정리하는 능력을 가질 수 없을 것이다. 치료기관에 가장 잘 기부하는 사람은 이전에 내담자였던 사람들이거나 그들의 가족이다. 물론 이전 내담자들과 가족들이 치료기관이 하는 일과 치료의 이점을 잘 알고 있겠지만 우리는 그들이 경제적으로 중요한 결정을 내리고 결과를 충분히 예측해 보도록 기다리고 주의해야만 한다. 윤리적으로 기부를 요청하기 전에, 우리는 중독문제를 가진 내담자들이 다른 질병을 가진 내담자들보다 더 많은 시간을 가질 수 있도록 배려해야 한다. 이들 중 대부분은 추후모임이나 동기모임, 12단계 프로그램에 참석하기 위해 기관에 돌아오게 될 것이다. 내담자들이 퇴원을 할 때 치료자는 결코 그들을 잃는 것이 아니다. 그렇기 때문에 치료의 초기단계부터 기부를 위해 내담자들을 조를 필요도 없다.

홍보

착취행위는 재정적 이익뿐만 아니라 사회적 이익을 목적으로 가능하다. 유명인이 치료기관을 이용하고 있다는 사실이 대중에게 알려지면 이로 인해 기관이 유명세를 탈 수 있다. 만약 치료기관이 알코올이나 약물문제를 가진 사람들로 내담자를 제한한다면, 그곳에서 치료를 받는다는 사실만으로 대중의 진단을 가능하게 한다. 유명인에 대한 대중의 시선이 덜 비판적으로 변해가고 있지만 아직도 이런 진단은 어느 정도의 낙인(stigma)을 찍게 한다. 때때로 내담자들은 특정 치료 시설에서 거주하고 있거나 퇴원한 지 얼마 지나지 않았다는 사실을 밝히면서 그 기관에서 치료를 받으면 누구나 회복이 가능하다는 메시지를 암시하도록 대중매체에 노출할 것을 강요당한다. 약물중독의 진단을 공개하는 것은 다른 가족 구성원, 동료, 직업에 미치게 되는 장기간의 영향에 대한 고려 없이 내려지거나 충동적으로 이루어지는 결정이어서는 안 된다.

치료 후 2, 3년 정도가 지나, 적절한 시기라고 판단하여 치료경험을 대중에게 알리길 원하는 사람들에게는 문제가 거의 없다. 그러나 치료시설 관련자가 아직 치료 중에 있는 내담자에게 금주 홍보 영상을 찍게 하거나 금주한 지 불과 세 달밖에 안 되는 사람에게 지역 알코올중독협회에서 발표를 하도록 재촉하는 것은 자칫 착취 행동이 될 뿐 아니라 기관의 명성에도 실제적인 도움이 되지 않는다. 심지어 당사자가 진심으로 대중에 노출될 것을 동의한다고 해도, 이런 부탁은 윤리적으로 신중하게 다루어져야 한다. 새롭게 회복된 사람의 판단은 과연 논리적으로 옳은가? 이 결정은 과연 누구의 이익을 위한 성급한 결정인가? A.A.를 비롯한 12단계 그룹은 언제 어떻게 익명성을 깨뜨릴 수 있는지에 대해 여러 달 동안 깊이 생각하고, 각각의 회원이 개인의 상황을 고려하여 결정할 수 있도록 주의를 기울여야 한다. 기다림은 후회를 극소화한다. 약물중독 경험을 공개할 때는 신중을 기하여 결정해야 하며 서둘러서는 안 된다.

내담자에 대한 사회적 접촉

대원칙이 정해져 있지 않은 상담자와 내담자의 사회적 접촉에 대한 문제는 답하기가 어렵다. 성희롱에 대한 법적 정의나 법정 판정과 상관없이 전문가의 신뢰에 대한 윤리적인 의혹이 제기되었을 때 환자가 받게 되는 사회심리적 피해는 엄격하게 다루어져야 한다. 환자의 유혹이나 상호 동의하에 이루어진 관계였다고 할지라도 치료사는 발생하는 모든 일에 대한 전적인 책임을 지게 된다. 주에서 인정하는 위원회와 협회는 몇십 년 동안 전문가들을 약하게 다루어 온 전례에 흔들리지 않고 위반자에 대해 엄격하게 대응해야 한다. 피고인의 권리를 보호하기 위해 죄가 증명될 때까지 무죄로 간주하는 미국 법률의 전통 안에서, 불만사항에 대한 조사는 빠르고 철저하게 진행될 필요가 있다. 그리고 모든 수준의 전문가들은 동료에게 경각심을 심어 주어야 하고 개인적 우정, 두려움 또는 무관심을 넘어선 전문가의 청렴함을 지녀야 한다.

극단적인 상황에 대한 규율은 명확하다. 상담자가 치료 중인 내담자와 데이트를 하거나 성적 관계를 갖는 것이 가능할까? 모든 전문가 집단의 윤리는 이를 금지한다. 그렇다면 치료가 종결된 2주 후에는 그러한 관계가 올바른 것인가? 아니다. 그럼, 6개월? 1년? 2년? 영원히? 전이(transference) 현상은 일정 시간 후에는 사라지는 것인가? 아니면 영원히 지속되는 것인가? 상담자와 내담자가 도움을 주고받는 전문적 관계를 유지해 가다가 점차 시간이 흘러 서로를 인간적으로 알아가게 되면서 상담자의 역할이 더 이상 보호자나 전문가로 기대되지 않게 변질될 수 있을까?

내담자를 단순히 연인이라기보다는 자신의 창조물로 여기기 쉬운 상담자 입장에서 과거에 내담자였던 사람이 표현하는 지속적인 감사와 숭배에 대한 기대를 멈출 수 있을까? 왜 과거의 내담자였던 사람만이 마법과도 같이 상담자의 마음을 끌게 될까? 정확히 무슨 일이 일어나고 있는 것인가? 의존은 자칫 상담자를 우쭐하게 하는 동시에 환자의 성장을 저해한다. 무의식적으로 의존을 유도하지 않도록 상담자는 전이와 역전이의 역동을 깨닫고 내담자가 스스로를 자유롭게 하도록 도와야 한다. 상담자는 분리불안을 다루는 법과 관계를 적절하게 종결하는 법을 훈련받아야 한다. 이것은 정신과 의사를 포함하여, 역전이 문제를 인지하고 해결하기 위한 훈련을 받는 모든 전문가들이 다루어야 할 중요한 문제 중 하나다(Rutter, 1989; Peterson, 1992; Schoener et al., 1989; Gartrell et al., 1986).

미국 정신의학협회는 두 가지 윤리적 입장 즉, 치료자와 과거의 환자 사이에서 2년 정도의 기간을 접촉하지 않고 기다리도록 추천하는 입장과 로맨틱한 관계는 어떠한 형태이든 금지하는 입장 사이에서 고민하였다. 초기의 일시적인 저항에도 불구하고 협회는 시간에 관계없이 모든 성적 관계를—전화와 크리스마스 카드는 물론, 아무것도 안 된다—허용하지 않도록 결정하였다. 저자들은 현명한 이 결정에 동의를 표한다. 우리는 경험적으로 그러한 관계가 건강하게 유지되기란 매우 어렵다는 것을 알 수 있다.

과거 내담자와의 사회적, 성적 접촉이 다른 정신건강 영역에 비해 중독 분야에서 더욱 복잡한 이유는 질병이 갖는 본질적인 특성에 기인한다. 때로는 촉진자가 부재한 상황에서 사회화의 장이 되는 상호 조력집단은 문제를 더욱 복잡하게 한다. 충분한 시간이 경과하면 알코올이나 약물로부터 금주상태를 유지한 대부분의 중독자들은 회복하게 된다. 중독상태 동안 난폭한 행동을 보인 사람도 일정 기간이 지나면 좋아질 수 있다. 중독상담자는 이 점을 잘 알고 있다. 상담자들은 완전한 회복이 가능하다고 믿기 때문에 이 기본 믿음을 내담자에게 전달한다. 지금은 절망적으로 아프고 나아질 가망이 없는 사람이 2, 3년 내에 정상인보다 더 나아질 수 있다.

대부분의 심리치료사들은 보다 심각한 정신과적 질병을 가지고 있는 현재와 과거의 내담자들과 사회적 교류를 맺는 데에는 거의 매력을 느끼지 않는다. 행여 내담자와 관계를 맺는다고 하더라도 동료들에게 심한 질타를 받게 될 뿐만 아니라 정신상태마저 의심받게 될 것이다. 하지만 약물의존분야에 종사하는 상담자는 과거 내담자들 중 많은 수가 건강하고 행복하고 생산적인 인생을 이끄는 모습을 찾기를 기대할 수 있으며, 다른 심리치료사와는 달리, 미래에 과거 내담자들이 지지집단의 환경에 함께하는 모습을 보길 기대할 수 있다. 이러한 과거 내담자들은 동료에 의해 사회적으로 정당하게 받아들여질 것이고 건강하다고 인정받을 것이다. 한편, 대부분의 정신건강 관련 전문가들은 자신에게 치료를 받았던 내담자들로 구성된 치료집단의 동등한 구성원으로 전락하는것을 원하지 않는 듯하다.

내담자와 A.A.의 관계

A.A.와 비슷한 지지집단에서 이루어지는 일부 관계들은 퍼즐처럼 보일 수 있다. 몇몇 치료기관에서는 내담자를 돕기 위해 A.A.구

성원을 직원으로 채용하기도 하였는데, 이것은 두 가지 다른 역할을 통합하였다는 위험성을 내포하고 있다. A.A., N.A. 그리고 Al-Anon 공동체는 작은 규모로 운영되고 있다. 심지어 대도시에서도, 회복된 상담자는 종종 현재 또는 과거의 내담자들과 A.A. 집단에 함께 참여하게 되며, 이 상황에서 자기를 얼마나 노출해야 하는지에 대해 난감해하기도 한다. 금주는 정기적인 집단 참석에 영향을 받기 때문에 자신의 내담자가 A.A.에 함께 있다는 것은 앞으로의 결과에 문제를 야기할 수 있다. 상담자는 자신의 금주 중의 건강한 상태를 유지하기 위해 필요한 모든 것을 강구해야 하며, A.A.에 와서까지 내담자-상담자 관계를 지속하려고 하는 내담자를 강하게 거부해야 할 때도 있다(Gregon & Summers, 1992).

도시에서는 직원과 내담자가 분리된 집단을 쉽게 찾아볼 수 있다. 그러나 작은 마을에서는 이것이 거의 불가능하다. 단지 20명만으로 구성된 지지집단의 구성원 대다수가 모임 후 습관적으로 커피를 마시러 갈 때, 상담자 또한 함께 가서 예전 내담자들과 어울려야 하는가? 아니면 혼자 커피를 즐겨야 하는가? A.A.에서는 오늘의 내담자가 내일의 동료가 된다. 이에 대한 해결책이나 올바른 행동지침이 있을까? 그 누구도 모든 사람에게 일반화할 수 있는 정답을 제시하지 못한다.

상담자는 자신의 전문적·사회적 생활과 A.A.의 혼동을 피하면서, 치료와 A.A. 역할을 충분히 생각하고 주의해야 한다는 것이 일반적인 합의사항이다. 어떤 새로운 행동을 취하고자 할 때 그 여부에 대해서 타인에게 조언을 구하는 것이 도움이 된다. 모든 A.A.와 내담자와 접촉을 하지 않는다는 것은 불가능한 이야기다. 하지만 대부분의 함정을 피할 수 있는 2가지 방법을 제시한 어느 현자의 조언을 따를 수 있다. 물론 뜻밖의 접촉을 피하기 위해 인위적으로 어색하게 대응하는 것이 비현실적으로 여겨질 수 있지만, 이전 내담자들과 어떠한 사전 약속도 하지 않는 것이 첫 번째 방법이 된다. 또 다른 방법으로는 상담자가 예전 내담자, 특히 이성의 내담자와 단둘이 있을 수 있는 상황을 피하는 것이다.

여기에는 또 다른 기본원칙이 있다. 『알코올중독 분야에 종사하는 A.A. 회원을 위한 지침서(*A.A. Guidelines: For Members Employed in the Alcoholism Field*)』, (Alcoholics Anonymous, 1993)는 상식과 경험의 보고이다. 이 지침서는 약물의존 전문가와 A.A. 구성원으로서의 기능 사이에 존재하는 중대한 차이점을 주요 주제로 다루고 있으며, 각 상황에서 과연 자신이 어떤 기능을 해야 하는지 인식하는 것이 중요하다고 언급하고 있다.

알코올중독자는 술을 마셔도 되는가

회복된 알코올중독자들에게 사회적으로 용인되는 음주량의 기준을 설정하려는 일부 행동과학자의 시도는 논쟁의 여지를 가진다. 연구의 가치와 과학적 탐구에 대한 자유를 인정받는 현실에서 윤리학자는 이슈에 대해 반드시 다양한 관점에서 조명할 수 있어야 한다. 현재 우리가 가진 지식을 토대로 고려할 때, 생명을 위협하는 약물에 지속적으로 노출하는 위험을 감수하는 것이 과연 윤리적인가? 알코올중독 분야는 이에 대해서 증거가 불충분하다는 일치된 의견을 보이며, 단주만이 진정한 치료목표라는 데 동의하고 있다.

일부 회복한 알코올중독자가 심각한 부작용 없이 음주를 지속한다 할지라도 그 수는 매우 적으며, 신원을 확인할 수 없는 경우가 대부분이다. 알코올중독이 의심되는 사람들, 모든 종류의 치료에 실패한 사람들, 치료목적으로 금주를 거부하는 사람들에 대한 연구는 계속될 것이다. 아마도 이것이 일부 사람들이 다른 이들로부터 배울 수 없었던 것을 그들 스스로를 위해 배울 수 있는 유일한 길이 될 것이다. 궁극적으로 이 접근들의 대부분은 실패하게 될 것이다. 중독자들이 모든 과학적 도움에도 불구하고 실패한다면, '진정으로 노력할 때' 적당히 술을 마실 수 있을 것이라는 합리화는 더 이상 그 명목을 유지할 수 없게 된다. 우리는 금주에 대한 거부가 환자의 결정이지, 금주를 조장해 온 치료자가 원하는 것이 아니라는 점을 확인할 필요가 있다. 이 문제는 알코올중독자의 성공적 음주보다 재발방지에 목표를 둔 행동 수정 기법에 대한 Marlatt와 다른 이들의 작업과 혼동해서는 안 된다.

더욱더 불분명한 문제는 알코올중독 부모의 자녀들처럼 약물중독에 걸릴 위험이 높은 이들에게 예방교육을 하는 것에 대한 윤리적 의무의 종류와 그 유무다. 또 그들 자신의 음주 행위를 윤리적으로 어떻게, 얼마나 조절해야 하는지도 뚜렷하지 않다.

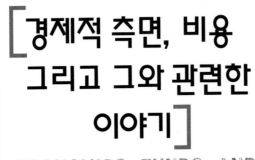

경제적 측면, 비용 그리고 그와 관련한 이야기

ECONOMICS, FUNDS, AND FICTIONS

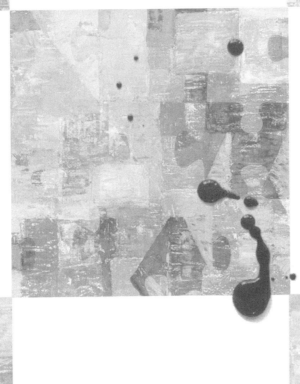

보험

알코올중독은 미국에서 가장 흔하고 심각한 질병 중 하나다.─
그중 가장 흔한 질병은 심장질환이다. 알코올중독을 물질의존으
로 포함시킨다면, 그 수는 더욱 증가할 것이다. 높은 빈도로 건강
관리 교육이 이루어지는 질병들이 그만큼 관심을 더 받게 되고, 또
병원과 보험회사에서는 이러한 질병들을 지금까지 가장 효율적이
면서도 타당하고 효과적인 방법으로 처리해 왔다. 이러한 노력이
논리적으로 보일 수 있으나, 사실 그렇지 않다.

금주법 시대로부터 내려온 도덕적 태도라는 유산은 지금까지도
이러한 질병을─비록 현저하게 나쁜 것은 아닐지라도─자기파괴
적이고 나약함의 증상이라는 태도를 갖게 한다. 당시에는 물질의
존을 하나의 죄악 또는 사회문제라고 보았기 때문에, 이것은 건강
관리 시스템이 당연히 책임지지 않아도 된다고 여겼던 것이다. 마
약 사용은 불법이기 때문에 해당되지 못했고, 처방약 남용문제는
비록 엄청나기는 하나 눈에 덜 띄기 때문에 대중의 관심과 염려를
많이 유발하지 못했다.

1960년대까지만 해도, 알코올중독자들은 일반적으로 입원시키
지 못하도록 병원 규정으로 못 박혀 있었고, 이들을 입원시켜야 한
다고 공공연하게 주장했던 의사는 병원의 특혜를 잃을 위험에 처
하기도 했다. 법안의 개정으로 병원이 알코올중독자들에 대해 차
별할 수 없다는 명령이 내려지자, 보험료 지급이 지체되기만 했다.

물론 이런 상황에서도 상업적인 이유로 알코올중독자들의 입원이 허락되었다. 돈 많은 사람들을 위한 편안한 단주 온천탕이 있었을 뿐 아니라, 병원에서도 역시 돈 많고 관심을 보이는 상류층 물질의 존자들을 위한 공간을 마련하였다. 대부분의 경우 보험료 지급이 되지 않았으므로 돈 많은 사람들은 자비로 부담했다. 치료는 주로 해독을 위한 단기 치료에 한정되었다.

진단명 가장하기

시간이 지나 1970년대로 접어들면서, 내담자들은 늘 그렇듯이 빈번하게 입원을 거듭했다. 하지만 이는 알코올중독이나 기타 중독이라고 하는 주 진단명을 가진 입원이 아니라 사회적으로 수용적이면서도 건강보험이 지급될 수 있는 진단으로서의 입원이었다. 대부분의 내담자는 실제로 가지고 있는 비알코올 질병 중 하나를 선택해서 입원했다. 환자가 간경변, 위장염, 출혈, 심한 불안, 기질적 두뇌 증후군 또는 우울증을 가졌다면, 이를 주 문제로 제시해서 보험회사로부터 치료비를 지급 받았다. 어떤 환자들의 경우, 신체 증상이 심각하지 않다면 의사는 종종 증상을 과장해서 지급을 받도록 도와 주어야 했다. 또 다른 경우는, 없던 증상을 정말 있는 것처럼 만들어 주기도 했다. 어떠한 문제를 만들지는 보험금 지급을 받을 수 있는 병원이나 기관 유형에 따라 달라졌다.

이러한 시스템이 효과가 있고, 보기 좋지 않은 질병에 걸린 사람을 비합리적으로 처벌하지 않으면서 환자의 비용과 병원부담 비용 모두를 지불해 주는 방법이라면 그렇게 나쁠 이유가 무엇이

겠는가?

사실, 몇 가지 나쁜 이유가 있다. 이러한 시스템은 물질의존 환자들을 위한 특별 서비스 고안을 저해한다. 다시 말해서, 공식적으로 존재하지 않는 상태를 위한 병상을 마련하기란 어렵다. 오늘날 알코올중독에 대한 보험료 지급이 빈약하다는 점을 감안한다면, 상황은 더욱 실망스럽기만 하다. 더군다나 알코올 치료의 적절성과 효과성이 점차적으로 부각되고 있다. 부적절한 보험회사의 방침은 의사-환자 관계를 불행하도록 조장한다. 의사가 진실을 말하면 보험사는 지급을 거부할 것이고, 의사가 진실을 감추면 보험 시스템을 편취하는 데 공모하는 것이기 때문이다. 친절하고 고결한 동기의 결과가 정직하지 못한 행동을 낳게 되는 것이다.

의사가 진단명에 대해 거짓말을 하면, 지급을 보증해 주거나, 내담자의 평판을 보호해 주거나, 병원에 바로 입원하도록 해 주는 등 무슨 일이든지 해 줄 수는 있지만, 의사는 이제 거짓말쟁이로 자리를 굳힌다. 중요한 것은 내담자들이 치료사들의 말을 믿을 수 있겠느냐는 것이다. 특히 내담자가 믿어야 하는 내용 중에 내담자가 듣고 싶어 하지 않는 것이 많이 포함될 경우에 더 곤란해진다. 치료사의 정직하지 못한 시작이 회피적이고 부인하며 불신에 가득 찬 알코올중독자에게 정직과 개방의 필요성을 어떻게 확신시킬 것이며, 12단계 프로그램의 정직성 부분을 어떻게 설명할 수 있겠는가?

많은 사람들이 이러한 규정이 비합리적이거나 납득하기 어려운 경우가 많다는 의견에 동의한다. 그들은 내담자를 도울 수 있다면 어떠한 방식으로든 시스템에 불복종해서라도 회복에 기여하는 행위가 정당화될 수 있다고 믿는다. 궁극적인 목표는 아픈 사람들을 무조건 치료해서 건강하게 하는 것이다. 그러나 정확한 정보를 필요로 하는 사람들은 이에 반대한다. 알코올중독으로 죽은 사람을 심장질환으로 사망했다고 보고한다면 물질의존이 준 진정한 영향력에 대해서는 감추게 되는 것이라는 의견이다. 사실을 숨기면서까지 죽은 사람들을 보호할 수는 없으며, 증거자료가 부족하다고 안타까워할 수만은 없다. 가장한 진단명 뒤로 치료와 사망을 모두 숨기는 행위는 정책 변화의 필요성을 입증하는 데 도움이 될 수 있는 통계 자료들을 잃는 결과를 초래한다. 충분한 증거자료가 없다면 보다 합리적인 시스템 구축이라는 과제는 지연될 수밖에 없다.

가족 참여하기

앞에서 애석하게 여긴 바 있는 진단명 가장하기를 하지 않고도 보험금 지급사례는 증가하고 있다. 그러나 여전히 많은 문제들이 남아 있다. 가족의 욕구를 인식하게 됨에 따라 그리고 보다 많은 전문가들이 내담자와 가족 모두의 회복에 가족 프로그램이 중요한 역할을 하고 있음을 확신하게 됨에 따라 많은 프로그램들이 개발되고 있다. 거주시설 프로그램에서는 기본 교육과 어느 정도의 치료로 구성된 일주일 미만의 단기 집중 프로그램을 제공하고 있다. 가족원들이 집안일과 직장에서 벗어나 통제된 환경에서 함께 주거하면서 서로를 알아가는 기회를 얻게 된다. 가족 프로그램은 중독의 극한 상황이 자아내는 비정상적인 환경에서 중독자와 그의 중요한 타인들이 어떻게 행동하는지 살펴볼 수 있도록 시간과 공간을 제공하는 것이다.

아직까지도 몇몇 보험회사는 심각한 약물중독자가 중독 자체를 주요 진단으로 치료받는 것에 대해 꺼리며, 오히려 중독으로부터 야기된 이차적인 신체 증상에 대한 치료 또는 단순한 해독치료만을 받기를 기대한다. 그렇다면 이와 같은 보험회사는 질병이 일단 제거된 가족원에게도 역시 치료를 제공해야 한다는 요구에 대해 어떻게 대응할 것인가? 만약 어떤 남자가 바로 지난주에 알코올중독자와 결혼했다면, 그 사람 또한 치료를 받아야 하는 것인가? 약물의존은 진정한 의미에서 가족 질병이다. 그렇다면 이것은 모든 가족원이 병들어 있다는 것을 의미하는가? 그리고 과잉부담을 진 납세자나 보험 납부자가 치료비 또한 떠맡아야 한다는 것을 의미하는가? 알코올중독자인 당사자는 멀리 떠나 치료를 받지 않는데도, 환자의 가족이나 관련된 사람들은 알코올이나 약물중독자가 있다고 해서 치료비 상환을 기대해도 좋은가? 우리가 가족원들의 요구를 최소화해야 하는가? 상담과 지도가 물질의존이 주요 문제임을 초기에 파악할 수 있다는 것을 알면서도 내담자 가족의 재정적 이유로 이를 거부해도 좋은가? 이미 개입(intervention)에 대해 훈련받은 환자의 가족과 주변인을 통해, 환자를 더 빨리 치료의 길로 이끌어, 보다 빨리 부인 단계(denial process)를 거칠 수 있다. ─ 물론 개입이 없었다면 당연히 치료를 받아야 하는 상황이지만, 환자들은 더 이상 주저할 필요가 없다. 초기 치료는 비용 절감을 가져오겠지만 보험은 여전히 문제로 남는다.

1980년대 역시 알코올중독자의 자녀들이 어리든 성인이든 간에 그들의 특별한 요구에 관심을 두자는 움직임이 크게 일어났다. 중독자 자녀들은 여타 복잡한 문제가정의 자녀에게서 발견되는 문제와는 별개로, 독특한 문제들을 가지고 있는 것으로 알려졌다. 각

주와 지역사회마다 그들의 요구를 다루기 위한 단체들이 형성되었다. 단체의 공약 목표는 성인 알코올중독자의 자녀들을 위한 이들의 치료비를 보험이 제공하자는 것이기도 했다. 이러한 움직임으로 인해 보험회사와 치료기관 사이에 갈등은 깊어져 갔다.

여전히 이러한 움직임이 어디까지가 일시적 유행이고, 어디까지가 미래를 향한 파장일지 운운하는 것은 시기상조다. 뿐만 아니라 실질적인 치료 욕구가 무엇인지에 대해서도 알려진 바가 거의 없다. 그러나 제한적인 치료비로 인한 사투가 증가될 것은 충분히 예상된다. 물질의존 치료가 필요한 사람들이 점차 확대되면서, 다른 분야에서도 그러한 치료의 내용과 장면을 기술하기 시작하였다. 중독이라고 하는 용어의 범주가 온갖 종류의 의존을 포함하면서 확장되면 역효과를 일으킬 수 있는 값비싼 책략이 될 수도 있다. 예를 들어, 니코틴은 고수준의 중독성 약물인 반면, 음식과 성은 모든 사람들이 절제해야 하는 성격의 욕구다. 우리 전문가들은 형사소송에서 변호사들이 변론으로서 '성중독' 이나 '음식중독' 이라는 용어를 사용하도록 장려할지 재차 고민할 필요가 있겠다.

치료기관들은 늘 답을 얻기 위해 기다리지는 않으며, 재정적 현실과 기회에 맞추어 그들의 행동을 적응시켜 간다. 그 결과, 우리들은 이제 거주 가족치료를 제공하는 시설들이 점점 많아지고 있다는 소식을 듣게 되었다. 어떤 치료센터에서는 가족원 모두가 각자 DSM-III-R에 근거한 신체적, 정신과적 진단과 의료기록을 받도록 했다. 중독 가족원들에게도 마찬가지였다. 가족원도 중독 환자에게 청구한 만큼의 돈을 부담해야 했다. 이러한 말도 안 되는 어마어마한 가격에 치료기관은 미안한 기색을 보이기는커녕 자신들이 잘하고 있다는 믿음에서 나온 오만한 태도로 일관했다.

그러나 1990년대에 와서, 공동의존이라는 개념이 확장되면서 상호의존(codependency)의 개념은 약물중독 가족원뿐만 아니라 기타 역기능적(dysfunctional)인 가족원들까지도 전반적으로 포함시켰다. 정신과적 진단이라는 명목으로 매우 비싼 거주시설 치료를 받는 집단 하나가 더 생긴 것이다.

　이러한 부정직성에도 반대하지 않고, 다수의 이득을 위해 정책이나 절차에 대한 불복과 도전이 정당화될 수 있다고 느끼더라도, 적어도 두 가지 장기적 결과를 초래한다. 먼저, 가족치료가 가져온 엄청난 비용이 원망과 반발을 불러일으켰고, 이로 인해 그 밖의 보다 적절한 치료방법까지도 보험 적용 대상에서 제외되는 위험에 직면하였다. 의료 기록(chart), 임상검사, 신체검사, 그 밖의 과잉치료 대부분이 요구되지 않는다. 지역사회 내의 모텔이 병원비보다 훨씬 싸게 방을 제공하기에 충분히 거동할 수 있는 내담자를 위한 병실은 필요하지 않다. 비용 면에서 부분적으로만 보험금이 지급될 것이기는 하나 저렴하게 조정된다.

　또 한 가지 위험은 가족원들에게 정신과적 진단이 내려지는 것이다. 그 진단명이 정확하든 아니든 간에 가족원들의 의료 기록부가 작성되는데, 대부분이 아직 어리거나 그 의미를 알지 못한다. 살다 보면 꼭 한 번쯤은 개인의 의료 기록부가 일반적인 검사나 보안 점검 과정의 일환으로 조사되는 경우가 생긴다. 일회성이 아닌 치료가 요구된다면, 유년기 혹은 초기 청소년기 이후의 정신과 입원기록과 다른 치료기록까지도 필요로 할 것이다. 그때 이 의료 기록이 보험사로부터 보상받기 위한 것이었다고, 두렵고 혼란스러웠지만 정말 정신이상은 아니었다고 얼마나 설득력 있게 설명할 수 있겠는가?

과잉치료와 과소치료

미국에서는 아직까지 물질의존 치료를 위해 주마다 사용할 수 있는 자금의 양이 다양하게 나타난다. 이렇게 융통성이 부족한 양상은 환자의 요구에 적합하지 않은 치료를 제안하도록 부추긴다. 이상적으로는, 선택할 수 있는 모든 서비스를 제공할 수 있길 원한다. 이러한 범위에 포함될 서비스들로는 외래치료, 부분(partial) 입원치료, 단독 단기 및 장기 거주시설 치료 또는 병원과 연계된 장면에서의 단기 및 장기 거주시설 치료 등이 있다. 많은 지역사회에서 이러한 서비스 중 몇 가지만이 가능한 것이 현실이다. 다른 지역사회에서는 보험에 들어 있는 특정 집단만이 이러한 서비스를 이용할 수 있다.

만약 내담자가 집 밖으로 나와 통제받고, 약물로부터 자유로운 환경에서 회복이 요구된다면, 병원 연계 프로그램이 유일한 대안일 것이다. 대부분의 병원 연계 프로그램들은 탁월한 치료를 제공하고 있으나 비싸다는 한계점이 있다. 그렇기 때문에 저렴한 대안들이 없는 많은 경우에서 병원 연계 프로그램이 선택된다. 개별화된 치료와 정말로 적합한 의료 단계를 선별해 주기를 원하는 상담자들은 과다 제공과 과소 제공 사이에서 꼼짝 못하고 있다. 생명이 위태롭고 그 생명은 돈보다 더 가치 있기 때문에, 과다치료를 선택하는 것 외에는 다른 대안이 없다.

1980년대에 이르러 HMO나 PPO(이와 관련된 설명은 추천사의 역자주 참조), 관리의료체계(managed care) 등의 급속한 증가는 놀랄 만한 일이 아니다. 이러한 현상은 어떤 면에서는 전반적인 건강관리 비용의 상승으로부터 비롯되었다. 또 어떤 면에서는 과잉청구, 욕심 그리고 병원과 직원 및 많은 물질의존 치료 제공기관에서의 의심스러운 업무처리 관행 때문이기도 하다.

아마도 현재 중독분야에서 가장 성가신 문제들은 관리의료체계 (Managed Care)로 인한 것들일 것이다. 그래서 관리의료체계를 '관리 비용' 또는 '부당한 의료체계' 라고 일컫는다. HMO나 보험회사, 치료센터 및 개인병원의 욕심과 정부 관료들을 비난하지 말고—현재 우리가 처해 있는 궁지에 대해 모두 어느 정도 책임이 있다는 사실을 인정하고—이러한 모든 자리에서 협력을 하는 것이 가장 건설적인 접근으로 보인다(Phillips, 1984).

납세자, 보험 납부자, 보험 가입자들은 모두 비용에 대해 염려해야 한다. 전문가는 양질의 서비스 관리와 전문적 수준에 대해 염려하는 것이 타당하다. 그리고 정부는 모든 측면에서 이 두 가지 모두에 대해 어느 정도 책임을 가져 이렇게 때로는 상호 경쟁적인 이득의 측면들을 균형 잡기가 결코 쉽지 않다. 영역 다툼과 전문직 간의 적대감은 이 문제에 아무런 도움이 되지 않는다.

미국 국립알코올약물의존협의회(NCADD)와 그 밖의 분야의 협회는 현재 치료에 관련된 결정이 환자를 한 번도 본 적도 없으며, 알코올 및 기타 중독에 대한 임상 훈련이나 경험, 지식이 전무한 보험회사직원, 정부 부처에 의해 전화 한통으로 내려지고 있다고 정확하게 꼬집어 냈다.

반드시 의사가 이러한 결정들을 내려야 한다는 것은 아니다. 사실상 미국중독의학회(ASAM)가 만족할 만큼 성장하였는데도 불구하고 의과대학장들을 포함한 의료 전문직 회원들은, 오늘날 대부분의 의사들이 아직도 자격을 갖춘 중독상담자나 전문 간호사(N.P.)보다 이러한 문제점들과 환자의 요구에 대해 이해하는 바가 적다는 사실을 인정한다. 하지만 치료 거부 횟수 증가나 자금 마련에 급급한 자가 아닌, 중독 의료에 대한 사전 지식을 충분히 갖춘 자가 결정을 내리는 일을 맡아야 함은 분명하다.

이윤이 왕이라면

높이 평가되고 인정되길 바라는 기관이라면 홍보 활동에 신경을 쓰지 않을 수 없다. 의뢰는 보통 낯선 사람이 아닌 동료들을 통해 들어온다. 그러므로 인줄과 연줄을 잘 다듬고 관심을 두어야 하는데, 내담자 치료에 책임이 있는 사람들과 내담자들이 서로 원만하게 왕래하도록 해야 한다.

관련된 사람들과 단체에서는 성탄절에 종종 카드를 발송한다. 카드 대신 다음 해의 달력을 보내기도 하며, 달력 대신 메모지 케이스나 비싸지 않은 펜과 같은 수수한 선물로 대신하기도 한다. 때로는 선물이 다소 사치스러워지기도 한다. 한 근로자지원 프로그램 상담자는 특정 시설에 많은 환자들을 의뢰했는데, 그들로부터 많은 선물들을 계속해서 받았고, 마침내는 여러 가지 소시지와 고급 진미가 가득한 아주 커다란 치즈를 선물로 받았다고 한다. 상담자는 "뇌물을 받기 시작한 것 같아요."라고 말했다.

이 분야에 뇌물이 자리 잡고 있는 것은 사실이다. 비어 있는 병상은 돈이 많이 든다. 병상이 차 있든 아니든 간에 상당 비용은 고정적으로 들기 때문에 내담자가 몇 안 되면 수입에 영향을 미친다. 신속하게 몇 가지 계산해 보면 돈문제가 역력해진다. 하루에 300

달러로 치고 병상 한 개를 일 년간 유지하려면 10만 9,500달러가 필요하다. 다시 말해서, 환자들을 열심히 모아야 한다.

환자들이 와서 치료를 받도록 하는 영향력이 있는 사람들은 급여가 보장되기 때문에 뒷거래의 유혹에 잘 넘어가지 않지만, 다른 많은 사람들은 그렇지 않다. 근로자지원 프로그램 상담자들은 급여가 상당히 높은 편이지만, 비영리 단체에서 일하는 사람들은 제대로 보상을 받지 못하는 경우가 빈번한데, 급여뿐 아니라 그들이 하는 일에 대한 감사나 인정 면에서도 그러하다. 많은 사람들이 이런 일을 하고자 원하지만 이에 주어지는 보상으로는 일할 수 없다고 느낀다.

따라서 환자의 이득과는 상관 없는 협력 관계가 형성되는 것은 그리 놀랄 만한 일이 아니다. 의뢰를 하면 바로 대가를 지불하는 경우가 있고, 미묘하게 변형된 다양한 대가 지불 형태가 있다. 어느 근로자지원 프로그램 상담자는 뉴욕시의 어떤 치료 시설에서 돈을 받고 환자들에게 강의를 할 수 있다고 소개했다. 게다가, 환자 한 명을 그 시설에 입원시킨다면, 강의하기가 훨씬 수월해질 것이라고 덧붙였다. 또 다른 상담자는 자신이 뉴잉글랜드 시설에 의뢰한 환자들을 차로 데려다 줄 때마다 얼마나 많은 교통비를 지급받고, 따뜻한 환영을 받으며, 융숭한 대접을 받는지를 설명했다.

그러나 거래를 허용하는 관례는 사라지고 있다. 시설 자체에서 고용한 마케팅 담당자와 분야별 대표자들이 있어서 그들이 서비스 수요를 창출하며 환자 치료를 선택하도록 돕는 일을 책임진다. TV, 라디오, 책자를 통해 환자가 평가와 대부분의 보험이 치료비를 지불하고 있음을 알려 준다. 무엇이 제공되는지를 솔직하게 기술하고 있다면, 그리고 환자의 요구와는 상관없이 보험환자는 반드시 거주시설 치료를 해야만 하는 식으로 초기 진단의 결과가 이미 정해진 것이 아니라면, 이것은 결코 잘못된 것이 아니다.

치료제공 분야 대표자는 병상을 채우고 환자 수를 유지해야 하며, 성공적으로 직무를 수행하면 높은 급여를 받게 된다. 그렇지 못할 경우, 실직을 면하지 못한다. 따라서 그들은 많은 환자들을 의뢰할 수 있는 사람들과 접촉하고자 노력한다. 또한 그들이 대표하고 있는 시설과 그들을 향한 의뢰인의 충성심을 사로잡으려고 노력한다. 왜냐하면 많은 대리인들이 회사를 바꿀 때마다 자신들의 인맥도 함께 가져가서 큰 대가를 받기 때문이다. 이는 친구 관계와 같이 간단하게 이루어질 수 있다. 때로는 의뢰인은 상담자의 새로운 직장이 그전보다 더 낫다고 믿게 된다. 환자에게 최선을 다하는 곳을 대표하려는 욕망으로 직업을 바꾼 것이라고 믿기 때문이다. 또는 때때로 재정적인 문제로 인한 것일 수 있다.

선물과 호의는 때로는 보상금 시스템으로 대치된다. 여기서는 성공적으로 치료에 의뢰된 환자 1인에 대한 보상금이 부여된다. 어떤 서부지역 도시의 한 극단적인 사례로는, 회사원들을 많이 설득하여 그 병원에 치료를 받도록 한 근로자지원 프로그램 상담자는 환자 1인에 대한 보상금뿐 아니라 2주 동안 열대지방으로의 휴가를 포상받았다. 최근에는, 북부지역의 치료시설에서 남부지역에 있는 노조 상담자 두 명과 거래하여 그들의 내담자들이 모두 비행기를 타고 날아가서 치료받도록 한 적이 있다.

뇌물 수수와 다양한 화이트칼라 범죄들에 대해 무감각한 이 사회에서 중독분야 역시 이러한 문제로부터 자유로울 것을 기대할 수 없다. 그러나 "누구나 그렇게 합니다!"라는 말은 단연코 사실이 아니다. 극소수의 사람들만이 그렇게 하고 있고, 그들이 누구인지 밝혀지게 될 가능성이 높다. 우리는 청렴성을 지니고 있으며, 부정 직성을 최소화하는 능력 또한 가지고 있고, 이를 위해 노력해야 한 다. 그렇지 않으면 우리의 내담자가 피해를 입게 될 것이다.

전문가로서의 사회적 관계

PROFESSIONAL RELATIONS

"내가 내 아우를 지키는 자입니까?"라는 익숙한 질문이 많은 맥락에서 발견된다. 건강관리 분야의 전문직에 종사하는 사람들은 이미 이 질문에 그렇다고 단언한 바 있다. 이제 방법론에 있어서의 논란이 발생된다. 어느 누구도 모든 일과 모든 사람에 대한 책임을 질 수는 없다. 그러나 분명히 할 필요가 있는 매우 중요한 일을 앞두고 "그건 내 일이 아닙니다!"라고 변명하고 숨을 사람은 우리 중에 아무도 없다.

가족과 동료에 대한 책임

상황을 정리하는 좋은 방법은 우리 각자가 어떤 자격이 있는지, 그리고 무엇에 기여할 수 있는지 아는 것에서 시작한다. 우리가 가족 안에서 부모로서, 배우자로서, 형제자매로서 갖는 책임이 분명한 예가 된다. 이러한 책임들은 다른 사람에게 위임할 수 없다. 가까운 친구들과 동료와 같은 관계에서도 그러하다. 그들은 우리가 그들을 잘 알고 있으며, 다른 사람들보다 변화나 어려움을 빠르게 눈치채리라 믿는다.

A.A. 전통 존중하기

많은 상담자들의 경우, 직장보다도 더 큰 가족이 A.A. 세계다. 이처럼 놀라운 단체는 회원들에게 보상을 바라고 프로그램을 제공하는 것은 아니다. 한 가지 요구한다면, A.A.를 사용하기 위해서는 그들의 관습과 전통을 따라야 한다는 것이다. 이러한 지침들이 수세대가 지난 지금까지 A.A.가 이용되고 효과를 지속하도록 단체의 성격을 유지시킨 것이다(Maxwell, 1984; Robertson, 1988).

상담자들은 A.A.의 전반적인 복지 맥락에서 내담자의 단기적 욕구를 고려해야 할 필요가 있다. A.A. 정책들은 상당한 협의 끝에 만들어져 왔다. 이는 집단 양심의 과정뿐 아니라 종교 지도자들을 통한 대중의 노력도 한몫했다. A.A.나 그 밖의 12단계 집단을 보호하고, 잘 이해하고, 공정하게 제시하는 것이 상담자와 환자 모두에게 중요한 일이다(문제가 생기는 몇 가지 영역을 언급하는 것 이상은 여기서의 범위를 넘어서기에 생략한다.).

익명성에 대한 오해가 흔한 문제점으로 꼽힌다. 권한이 없는 전문가들이 마치 A.A.의 대변인처럼 언론에 나오곤 할 것이다. 이렇게 될 경우, A.A.가 특정 치료 노력이나 철학을 인정했거나 연계되어 있음을 의미하는 것처럼 보일 수도 있겠지만, 이는 A.A.가 항상 피하려고 조심하는 행동들이다. A.A.모임 밖에서나 치료시설 내에서 나눴던 대화가 녹음되어서 내담자의 허락이나 동의없이 타 집단에게 들려주는 일이 발생하고 있다. 어떤 외과의사가 A.A.모임에서 한 개인적인 이야기가 자신이 알지 못하는 사이 허락 없이 녹음되어 그 의사가 근무하는 의과대학 학생들이 듣게 된 경악할 만한 일도 있었다. 생각 없이 그러나 좋은 의미에서, 학생들이 동료 의사의 개인적 경험에 대해 특별히 관심 있을 것이라는 좋은 의도를 가진 생각이었지만 부주의했다. 실제로 학생들은 관심 있어 했다.

A.A.의 익명성 전통은 전문가들의 비밀보장 윤리와 많은 부분이 중복되기는 하나 동일하지는 않다. 둘다 물질의존자의 권리뿐 아니라 전체 물질의존 분야의 통합성이 보호되어야 한다고 본다. A.A.의 익명성 전통은 A.A. 회원들뿐만 아니라 A.A.와 관계되는 다른 사람들 모두의 이해가 필요하다. 익명성 전통은 알코올중독이라는 낙인을 영속시키기 위해 의도된 것이 아니다. 이는 회원들의 자기 중심적 행동을 방지하고, 두려움을 가지고 들어오는 새 회원들이 명성을 확인하기 위함이며, 만약 회원이 재발할 경우 부정적인 광고 효과나 대변인으로 자처하는 사람들로부터 그 회원을 보호하기 위함이다.

A.A. 책자 『익명 이해하기』는 공동 창시자 Bill W.의 글을 토대로 알코올중독자가 A.A. 메시지를 받아들이기 어렵게 만드는 과대적 사고와 과대적 은밀성 사이에서 훌륭하게 균형 잡는 방법을 설명한다. 전통 11과 전통 12는 언론을 통해 자기가 A.A. 회원임을 밝히지 못하게 하고 있지만 스스로를 알코올중독자로 밝히는 것은 허용한다. 또한 다른 회원의 신분을 권한 없이 노출하는 것을 금지하는데, 공식 언론 수준이 아닌 경우에는 A.A. 회원으로 자신을 밝히는 것은 허락한다. 서로 다른 단체끼리도 서로 다른 관습이 존재한다. 어떤 집단에서는 성을 빼고 이름만을 사용하기도 하지만, 대부분의 A.A. 집단에서는 전체 성명을 사용한다(A.A. 국제회의에 참석한 사람들 중에 80% 정도).

특별히 다루기 힘든 문제는 A.A. 집단을 보고하거나 감시해야 할 때 발생한다. 종종 법원이나 회사에서 알코올중독자를 처벌하는 대신 A.A. 모임이나 거주시설 치료에 기꺼이 보내어 출석증거만을 요구하기도 한다. 이때 A.A. 모임이 개방적이고 A.A. 집단 자체에서 출석 확인을 하지 않는 한 문제되지 않는다. 문제는 사법기관에서 나와 A.A.에 새 회원처럼 가장해서 다른 회원들을 염탐하고 외부에 알리려고 할 때 발생한다. A.A. 폐쇄 모임에 억지로 오게 되는 문제 음주자들은 거기서 본 사람들에 대해 소문을 내지 말아야 하는 것에는 관심이 없다. 원만한 모임의 진행에도 책임감을 거의 느끼지 않으며, 강제로 출석하는 것 이상으로 모임에 기여할 필요를 느끼지도 않는다.

이렇게 원치 않는 방법으로 A.A.에 노출되는 사람도 있지만, 그 중에서 단주도 하고 적극적이고 열정적인 A.A. 회원도 있다는 사실을 인정해야 한다. 어떤 사람들은 A.A.가 익명과 선택의 자유에 대해 말하면서 그들을 강제 기관에 기꺼이 합류하게 하려는 또 하나의 조직이라고 알고 있다. 누군가는 이러한 전략으로 삶을 새롭게 할 수 있음을 의심하지 않지만, 누군가는 미래에 A.A.의 도움을 받을 수 있는 기회를 막는 경험을 하기도 한다. A.A. 집단이 출석표를 적거나 경찰처럼 굴지 않아도 출석률을 굳히는 방법은 많이 있다.

알코올중독자가 자신의 신뢰와 자신감을 가장 높게 여기는 단체 안에서 굳이 냉소를 배울 필요는 없다. 특히 그러한 거부가 동료 알코올중독자의 자유를 대가로 지불할지도 모른다는 위협으로 그들이 갈취를 한다면, A.A. 집단에게 이러한 함정에 빠지게 하기란 쉽다. 장기적 효과를 고려한 보다 나은 방법들이 고안되어야 할 것이다. 『A.A. 지침서: 법원, A.S.A.P., 유사 프로그램들과 협력하기』(Alcoholics Anonymous 1993)는 A.A. 집단이 이러한 문제를 다뤄온 경험을 토대로 한 실용적인 제안들을 해 주고 있다. 이 지침은 새로운 A.A. 회원들에게 어떠한 경로로 A.A.를 찾게 되었는지 질문할 필요가 없다고 말한다(A.A.에 들어올 때 그런 질문을 받는 것에 대해 분개할 수 있기 때문). 대신에, 참여하는 사람들에게 A.A. 프로그램은 매력적으로 다가와야 한다.

생각 없이 의뢰하는 경우 또한 문제를 일으킨다. 어떤 치료센터에서 18명의 물질의존 회원들을 버스에 가득 태워서 억지로 소도시 A.A. 모임으로 보냈다. 치료센터가 계속해서 모임에 참석하려고 하자 A.A. 집단은 시간과 장소를 알리지 않고 숨어서 모이게 되었다.

또 다른 도시에서는 법원 명령으로 헤로인 치료 프로그램에 참여했던 음주청년집단이 A.A.에 강제로 참석하게 되었다. 이들은 모임을 분열시키고 회원들에게 공포심을 조장해서 결국 약물사용자들에 대한 반발을 이끌었다. 이처럼 약물 사용자들은 미국의 많은 지역에서 A.A. 내에 마찰을 조장해 온 바 있다.

A.A.와 기타 12단계 프로그램들이 정교화되어 활용되고 그들의 의미가 더욱 이해되고 존중되면서, 상담자와 집단들은 일반적으로 양쪽 모두의 욕구를 충족시키는 절차를 만들어 낼 수 있다. 상담자가 자신의 회원들의 특정한 욕구만을 고집하면서 그들을 위해서라면 어떠한 규칙이든 어길 수 있을 것이라고 기대한다면 공평하지 않다. 이렇게 야기된 동요와 혼란을 바로잡으려면 수개월은 걸릴 것이다.

지역사회에 대한 책임

마지막으로, 우리는 지역사회 전체에 대한 책임을 가지고 있다. 특별한 지식과 전문성을 가진 사람으로서 현재와 미래의 회원뿐 아니라 우리가 개인적으로 전혀 알지 못할 수많은 사람들에게까지 영향을 줄 수 있는 법안을 작성하고 통과시키려 한다면, 지식과 전문성을 잘 전달해야 한다.

A.A.는 하나의 단체로서, 매우 현명하게도 정치에 거리를 두고, 어떠한 경우에도 정치적으로 지지하거나 반대하지 않으며 논란과도 거리를 둔다. 저자들은 이같이 현명한 방침이 지속되길 바란다. 어떤 회원들은 단순히 관심이 없거나, 또는 어떤 이유로 인해 익명성의 전통을 내세워 비활동성의 구실로 삼기도 한다. 어떤 회원들은 때로 A.A.가 훌륭한 정책으로 고려하는 것(익명성)과 개인의 역할(적극적 참여)을 혼동하기도 한다.

A.A. 회원이든, 물질의존으로부터의 회복된 사람이든 또는 어떤 다른 질병이 있든 간에 시민으로서의 권리, 혜택, 책임이 박탈당해서는 안 된다. 회복이란 단순히 단주만을 얘기하는 것은 아니다. 그러나 단주는 항상 선행되어야 한다. 우리의 주변 세상에 참여하는 것이 회복의 한 부분이기도 하다. 등록하고 투표하고, 국회의원에게 편지를 보내고, 공청회에 참석하는 것은 올바른 민주주의를 위해 우리가 해야 하는 일들이다. 저자를 포함한 우리의 대부분이 뒤늦게 깨달았지만, 정치에 대해 배우는 것은 중요하다. NCADD 지회 회원으로서, EAPA 회원으로서, NASW 회원으로서, APA, NAADAC, ASAM, NAATP 그리고 그 밖의 전문적 지지집단의 회원

으로서, 많은 A.A. 회원들이 A.A. 회원으로서는 할 수 없으리라 여겨지는 일들을 익명성을 침해하지 않고도 하고 있다. Bill W.와 Marty Mann 그리고 상원의원 Harold E. Hughes는 모두 국회에서 자신들이 알코올중독 회복자임을 공개했다. 그 당시 적절하지 않았기 때문에 그들이 A.A. 회원이었는지는 언급하지 않았다.

우리가 정치적 과정에 영향을 주지 않는다면, 즉 물질의존자의 복지에 관심을 가진 사람들이 계속 침묵한다면, 엉뚱한 사람들이 계속 중요한 결정을 내릴 것이다. 그들은 과거에도 늘 현명한 결정을 내리지는 않았다. 아직도 내려야 할 많은 결정들이 남아 있다. 예를 들면, '술병에 경고, 내용물, 원료를 적어야 할 것인가? 혈중 알코올 농도가 어느 정도 되어야 음주운전으로 판별되는가? 21세 미만에게 술을 팔도록 허용할 것인가? 약국과 식료품 가게에서 판매해야 하는가? 정부 예산이 물질의존자와 정신질환자 사이에 나누어질 때, 비율은 어떻게 해야 하며 할당은 어떻게 할 것인가? 치료사들은 물질의존 치료비에 보험이 적용되기를 원하는가? 예산은 누구에게 어떠한 목적으로 어디에 주어야 할 것인가?' 등이다.

우리의 전반적인 건강관리 시스템은 지금부터 몇 년간 구조적으로 중요한 변화를 거치게 될 것이다. 아마도 한 번에 모든 것이 뜯어 고쳐지기보다, 일련의 작은 변화가 국가 전체적으로 혹은 지역 사회마다 차츰 이루어질 것이다. 우리 전문가 단체는 이러한 변화에 기민하게 반응하고 우리의 행동이 촉구되는 상황에서는 반드시 참여해야 한다.

정치가들은 우리의 개인사나 물질의존 회복 여부에는 아무런 관심이 없다. 대부분의 사람과 마찬가지로 그들의 중요한 관심은 자기 자신이다. 다만, 우리가 그들에게 표를 던질 것인지, 그들의 선거 캠페인에 기여할 것인지, 다른 사람들을 선동해 줄 것인지 알고 싶어 한다. 우리가 그들 편이라고 믿어지면, 그들은 우리에게 관심을 가져줄 것이다. 우리의 작은 노력이 그들의 행동에 커다란 차이를 가져올 수 있다. 우리가 정치적인 개입을 하려고 노력한다면, 변화를 가져오지 못했다는 비난을 받지는 않을 것이다. 때로는 우리의 개입이 무시된다 할지라도 노력조차 하지 않았다는 비난은 받지 않을 것이다.

그 밖의 전문가들

윤리강령은 기타 전문가들과 기관들을 존중해야 하는 우리의 책임을 고려하지 않고는 완성될 수 없다. 아주 피해를 주고 악의적이지 않은 이상 철학이나 치료방법에 대해 동의하지 않을 수는 있으나, 전문가로서의 예절을 지키고 불공정한 비교를 하는 것은 옳지 않다. 지금까지 물질의존 분야는 영역 다툼과 서로를 견제하는 경쟁심이 만연해 있다. 이 점은 환자들을 혼란스럽게 하며, 이 분야의 오랜 종사자를 비롯하여 초심자 모두에게 피해를 준다. 초심자들은 대중의 존경을 받고자 하며 오래된 전문가들 사이에 들어가 자신의 입지를 만들려고 한다. 치료센터 A가 치료센터 B의 실패로 성공하며 흡족해하거나 그와 반대일지라도, 우리는 기가 죽을 따름이다.

A.A.의 중앙봉사위원회 회장은 "중독 재활 분야의 성장은 A.A.와 치료시설 간의 존경과 협력에 비례하여 이루어질 것이다."라고 언급했다. 이 말은 『A.A.가 성년이 되다(Alcoholics Anonymous

Comes of Age)』라는 책자에서 보여주는 것처럼, A.A.의 전통과 완전히 일치한다. 그리고 A.A.가 어떠한 명분에 대해서도 반대 또는 인정을 표명하지 않겠다는 의도와도 일치한다(A.A.전문(前文)과 전통 6과 10).

거짓되고 현혹시키는 광고는 불법이자 비윤리적이다. 치료기관의 적절한 광고가 질병의 낙인을 없애고, 치료 가능성을 강조하며, 부인을 타파하고, 도움을 받을 수 있음을 알려주면 대중은 혜택을 받을 수 있다. 그런데 이를 남용하는 일이 생기기 시작한다. NAATP의 광고지침에 따르면, 구체적이거나 절대적인 회복률을 언급하지 말고 치료의 가능성을 강조해야 하며, 회복이 "보기에 간단하고, 수월하고 또는 노력 없이" 가능할 것이라고 기대하도록 해서는 안 된다(NAATP 1982).

NAATP 지침에서는 경쟁자들에 대한 부정적인 암시를 통해 자기-판매를 촉진하는 행위를 금지한다. 지침을 제정한 이들의 의견에 따르면, A.A.에 대해 주로 경멸적이고 종종 거짓된 진술을 해서 자신을 부각시키려는 다른 집단의 정책은 명백히 비윤리적이다. 예를 들어, A.A.는 일종의 종교다(A.A.는 종교에서 정의하는 주요 요인들에 맞지 않으며 무신론자들과 불가지론자들을 환영한다), 또는 A.A.는 과잉의존을 만든다(이와는 대조적으로, A.A.는 동료 사이에서 스스로 성장하는 프로그램으로서, 치료자에 의존할 때보다 더 건강해진다) 등이다. 더 나아가, 이러한 집단이 비난하는 "무기력감"은 알코올중독자들에게 술병의 노예가 되는 대신, 오히려 단주를 선택하는 자유를 주는 것이 사실이다.

실질적인 갈등은 어떤 사람이나 기관에서 회원들을 잘못 치료하거나 착취하여 위험에 처하게 하고 있다는 사실을 알게 될 때 일어난다. 그럴 때 경종을 울릴 것인가, 아니면 외면할 것인가? 변화를 도모할 다른 방법은 없을까?

전문가는 고발이나 고소에 대한 두려움 때문이 아니라 전문적 청렴성에 따라 행동하면서 자기 조절을 할 필요가 있다. 대부분의 전문가 단체는 윤리위원회와 행위감독위원회가 있어서 회원들이 비윤리적인 행위에 대해 단체에 알리도록 한다. 이것은 단순한 번설이나 뒷담화가 아니라 전문가가 존경과 신뢰를 얻는 길이 된다. 동료의 행위에 개입하는 것은 도움이 되려는 것이지 징벌하려는 것은 아니다. 무능력한 전문가가 내담자에게 피해를 줄 위험은 반드시 막아야 한다.

동료에 대한 관심과 염려가 전문가의 특징이라면, 우리는 서로 서로를 알고 어려울 때에 도와줄 수 있도록 준비할 필요가 있다. 이것은 마치 심각한 신체질환, 이혼, 가족 위기 등으로 어려울 때에 누군가를 돕는 듯한 행동이 될 수 있다. 동료가 술을 다시 마시기 시작하거나, 정서적 질환을 경험하거나, 회원들을 비윤리적으로 위험에 처하게 하는 행동을 한다면 더욱 돕기 어려워진다. 그 누구도 간섭하거나 얌전한 체하거나 비판적으로 보이기를 원하지 않으며, 동료와 부딪히기를 즐기지 않는다. 마치 핵가족 구성원 내의 문제를 내버려두고 묵인하다가 문제가 커지게 되는 것처럼, 치료진들도 그렇게 될 수 있다.

유사한 이유 때문에, 고용 시 추천을 할 때에 솔직하게 해야 하며, 그저 굿보이 증후군(good-old-boy syndrome: 착한 사람이 되어야 한다는 강박관념)을 반영하는 것은 옳지 않다. 자격 여부는 유의해서 확인해야 한다. 한 가지 예를 들면, 기본 과정에서 D학점을 받아 탈락했는데 마치 훈련 프로그램을 완료한 것처럼 인상을 주

110

었던 신청자가 있었다. 약물검사 결과에서 '깨끗한' 약물상담자들이 알코올중독자인 것으로 밝혀지기도 한다.

출판과 강연

중독분야에서는 출판윤리를 침해해서 저자와 출판사가 정당한 수입을 얻은 것이라고 인정해 주기 어려운 경우가 심심치 않게 발생한다. 이것은 절도 행위이며 미국의 저작권법에 위배된다. 표절이란 저작권의 유무와 관계 없이 자료에 대한 적절한 허락이나 서면화된 승인 없이 저자의 자료를 도용하는 행위다.

녹음테이프를 쉽게 활용함으로써 발생하는 문제도 증가하고 있다. 강연자에게 동의를 구하지 않고 강연 내용을 녹음하는 경우도 자주 일어난다. 이들의 말이 나중에 이름만 바꿔서 글자 그대로 나오기도 한다. 어떤 사람들은 자신의 이야기를 특정 청중과 나누기로 동의했는데, 나중에 보니 허락 없이 테이프로 녹음되어 판매되거나 다른 사람들에게 전달되었다고 한다. 사실 가장 나쁜 위반자는 A.A.와 그 밖의 12단계 회원인데, 이들은 동료의 이름을 밝히거나 소문을 내지는 않으나, 많은 사람들 앞에서 강연하기로 동의하는 사람이라면 익명성의 권리를 포기한 것이라고 추측하곤 한다.

만약 원하는 바를 미리 명확하게 해 준다면 이러한 문제들 중 대부분은 피할 수 있을 것이다. 컨퍼런스가 녹음되거나 비디오로 녹화될 경우, 강연자는 이러한 일정에 동의하기 전에 미리 알 권리를 갖는다. 또한 논문이 나오게 되거나 인쇄물로 나오게 된다면 그것 역시 미리 알려주어야 한다.

만약 강연자가 대가를 받는 경우, 금전적인 계약은 명확해야 하고, 이러한 의무는 즉시 이루어져야 한다. 의사가 긴 예복과 함께 후드를 입는 이유 중 하나는 의사의 후드가 환자를 방문한 후 조심스럽게 대가를 챙겨 주는 장소로 이용되기 때문이다. 그럴 경우 양자 모두 돈에 대해 이야기하는 등 무례한 문제를 직면할 필요가 없게 된다. 어떤 사람들은 여전히 물질적 보상에 대해 이야기하는 것을 불편하게 느낀다. 그럼에도 불구하고, 동료 전문가들에게 그들의 시간과 전문지식에 대한 정당한 대가를 지불하는 것이 도리이다. 만약 그렇게 하지 못할 경우라면 미리 알려 주어야 한다. 그들이 자신의 시간을 기부하고자 기꺼이 선택할 수는 있겠으나, 무엇이 제공될 수 있는지는 알려주어야 한다. 비록 전문가 비용은 면제되더라도, 예의상 교통비와 그 밖의 지출은 보상해 주어야 한다.

이와는 반대로, 직원의 경우 그들을 고용한 기관에 대한 윤리적 책임이 있다. 직원들은 때로는 회원의 최선의 이익을 위해 기관의 정책에 도전해야 할 필요가 생기기도 한다. 기관의 정책과 관리기능을 존중하는 것은 그곳에서 일하는 모든 사람들의 평온을 위해 필수적이다. 상사에 대해 음해하거나 허위 진술을 하는 대신, 변화를 위해 어떤 적절한 절차를 걸쳐 일을 처리해야 하는지 배우는 것이 중요하다. 일반적으로 명령 체계를 따라 해결하는 것이 건설적이다—기관장을 해임하는 이사회의 문제가 아닌 한, 이사회가 결정할 이사들에게보다는 기관장에게 불만을 토로하도록 한다.

전문가들은 개인의 신분으로 이야기하는 것과, 전문가 집단이나 기관의 대표로서 이야기할 때의 차이점을 언제나 의식하고 있어야 한다. 강연자들은 자신의 위치와 타인에 대한 책임으로 인해 때로는 강연의 자유를 심하게 제한받을 수 있음을 알아야 한다. 거짓말을 해야 할 필요는 없지만, 때로는 한 발짝 뒤로 물러나 다른 사람이 강연자가 되도록 해야 할 때도 있다.

동물 연구자들의 책임

과학 실험을 위해 동물을 사용할 때의 윤리는 AMA와 APA 모두 철저한 조사를 받도록 하고 있다. 이 두 단체 모두 실험 동물이 학대나 고통을 받지 않도록 모든 타당한 예방책을 취해야 함을 주장한다. 무생물로 대체할 수 있거나 사소한 지식을 위한 것이라면 분명히 동물들을 사용해서는 안 된다. 동물의 생명체로서의 권리에 토대를 둔 몇몇 논쟁들은 논리를 거들먹거리며 모든 동물실험이 비도덕적이라고 말할지도 모르겠다. 주요 질병의 치료를 위한 노력은 새로운 화장품을 만들어 내는 것과는 다르다. 동물을 향해 인간적인 행동을 해야 할 우리들의 책임은 도덕적인 인간이자 하등 생물의 청지기인 우리들의 신분으로부터 비롯된다. 동물학대는 우리 인간 본성의 위배이지, 동물 '권리'의 위배는 아니다.

[결 론]

CONCLUSION

기존의 의료 관련 전문직 종사자나 새롭게 전문 분야에 입문한 물질의존 상담자는 다른 분야의 돌봄제공자(caregiver)들이 이미 마주해 왔던 딜레마에 직면할 것이라 예상된다. 위협, 뇌물 공여, 자신의 기준의 타협이라는 유혹 등은 인류 역사와 늘 함께 했다. 어느 시대, 어느 국가에서나 이를 받아들인 사람들도 있고 받아들이지 않은 사람들도 있었다. 냉소주의자들은 아마도 "인간은 돈에 의해 좌우된다."고 말할 수도 있겠지만, 부디 그렇지 않기를 희망한다. 평온한 생활과 편안한 숙면을 위해서 어느 지점에 선을 그어야 하는가의 문제에 있어서 우리 모두는 서로 다른 기준과 감정을 가지고 있다.

　어떤 행동은 너무나 분명하게 비윤리적이고 수용하기 어려워서 논의할 필요조차 없다. 그러나 어떤 행동은 모호해서 아주 가까이서 살펴보지 않는 한, 의심스러운 행동이 합리화를 통해 옳게 보이기도 한다. 때로는 이러한 행동이 전체적인 맥락에서 볼 때는 옳은 경우도 있다.

　중독상담자의 윤리가 이러한 의문만을 중요시 여기는 것은 아니다. 새로운 문제들이 발생하고 과거의 문제들은 다른 양상으로 변해 간다. 우리는 아직도 답을 찾아 헤매고 있다. 우리가 알아내려고 노력해 왔던 답이 코 앞에 있었음을 알게 되었다고 하더라도, 순진했다거나 미처 생각하지 못했다는 변명을 하지 않아도 된다. 어떠한 상황에 놓였을 때, 상황을 단순히 보고, 내담자를 최우선으로 생각하며, 내담자를 위해 취해야 할 '전문적이고 윤리적인 의무'는 무엇인지 질문하는 태도를 갖는다면, 윤리적으로 잘 처리해 나가는 것이다. 또한 '내담자의 입장이라면 자신이나 자신에게 중요한 타인을 위해서 무엇을 원할 것인가' 라는 질문도 도움이 된다.

전문가 윤리는 체포되거나 소송당하는 것에 대한 두려움보다는 옳고 그름에 대한 보다 깊이 있는 기준을 갖는다. 어떤 법적 행동이 윤리에 어긋나기도 하며, 어떤 윤리적 행동은 법에 저촉되기도 한다. 법적인 소송에 휘말리게 되었다고 단순히 우리에게 문제가 있어 소송에서 질 것이라고 말할 수 없다. 성실하고 바른 사람도 소송을 당하는 상황에 놓일 수 있기 마련이다. 사고를 만들거나 양질의 서비스를 제공하지 않음으로써 발생할 수 있는 위험성을 감소시키고, 재판 과정에서 증거로 제출할 수 있도록 치료기록을 상세히 기록해 놓는다면, 불리한 상황을 미연에 방지할 수 있다.

현재의 소송 위기가 불법행위(tort: 피해자에게 배상청구권이 생기게 되는 불법행위)와 기타 법안의 개혁을 통해 해결되지 않는 한, 소송에 대한 두려움이 우리의 행동을 조형할 것이다. 의사들은 종종 소송에 대한 두려움 때문에 불필요한 고가의 검사와 절차를 실행하도록 지시를 내린다. 부작용이 생기지 않는다는 보장을 할 수 없는 약품이나 장치는 시장에서 철수된다. 동일한 의사가 유사한 사례들을 정반대의 방법으로 다루어 소송을 당한 사례가 늘고 있다. 이들은 윤리적이며 능력 있는 전문가이지만, 어떤 행동이든 간에 법적으로 문제가 되기 때문이다.

소송을 완전히 피할 수는 없다. 소송에 대한 두려움도 옳고 그름에 대한 판단과 감각을 쉽게 왜곡시킬 수 있다. 법정에서 어떻게 받아들여질지와는 관계없이 우리가 정당하고 윤리적이라고 믿는

바대로 행동에 옮겨야 할 순간이 찾아올 것이다. 우리의 결정을 지지해 줄 의견과 우리가 실행한 것을 주의 깊게 기록한다면, 대부분의 경우에서 우리의 결정이 받아들여질 것이다. 우리가 부주의하거나 고의적일 때, 기록을 변조할 때, 변명을 하는 것처럼 보일 때 이와 같은 문제가 예상된다. 우리 모두가 주요 종교의 성인이나 선지자 같은 양심적 범법자가 될 필요는 없다. 그래도 법적인 정의와 옳고 그름이 상충하는 경우가 있다. 그럴 때 우리들은 이미 '승산이 없다'고 알려진 행동방침을 선택해야 한다.

윤리강령

모든 윤리강령은 기존의 윤리강령을 토대로 만들어진다. 각 강령은 특정 전문 분야만의 독자적 요구를 반영하며, 중독 분야도 몇 개의 강령을 발전시켜 왔다. 예를 들어서, 1992년의 미국중독의학회(ASAM) 윤리강령과 미국 알코올 및 약물남용 상담자협회(NAADAC 1987, 1990; Madden and Offenberg, 1979; Staub and Kent, 1973; Valle, 1979) 윤리강령이 있다. 다음에 제시된 윤리강령은 두 곳의 거주치료시설에서 개발되었는데, 이는 다른 센터의 강령을 기본 틀로 하고 ASAM 강령을 참고하여 수정을 거쳤다. 이 강령은 최종 완성본이라고 할 수 없으며, 모델로 제시하는 것도 아니다. 이는 중독분야의 전문가들이 함께 일하면서 어떻게 행동할 수 있는지에 대한 일정 수준의 합의를 이루기 위해, 관심 있는 여러 사람들이 기울인 노력을 반영하고 있다. 이런 의미에서 출발점이라고 할 수 있을 것이다.

직원 윤리강령

1. 나는 본 기관의 전문 요원 혹은 이사회 구성원으로서 내담자와 그들 가족의 복지를 어떤 다른 관심사보다 우선시할 것이다.

2. 나는 이를 위해서 인종, 종교, 임신 여부, 성별, 장애, 연령 그리고 성적 지향에 상관없이 모두에게 친절할 것이며 인간적인 치료를 할 것이다.

3. 나는 의도적으로 내담자에게 신체적이거나 심리적인 해를 입히지 않을 것이다. 나는 내담자에게 언어 폭력을 행사하거나, 조롱을 하거나, 강압적으로 대하거나, 위험에 처하게 하지 않을 것이며, 다른 내담자나 직원이 그렇게 하는 것을 허용하지 않을 것이다.

4. 나는 오직 내담자를 위해서 그의 삶을 변화시키고자 할 것이며, 병에서 회복시키고자 치료할 것이다. 나는 내담자 자신의 가치 체계가 아닌 나의 가치 체계를 반영하는 신념과 행동을 채택하도록 강요하지 않을 것이다.

5. 나는 자신의 기술과 한계를 유념할 것이다. 현재의 내담자와 과거 내담자는 나를 권위자로 인식하고 나의 의견을 과대평가할 수도 있기 때문에, 나는 전문 영역 밖의 상담이나 조언을 하지 않을 것이다. 나는 나의 내담자에게 최선이라면 다른 프로그램이나 사람에게 나의 내담자를 기꺼이 의뢰하거나 보낼 것이다.

6. 나는 개인적인 이익을 얻기 위해 내담자를 이용하는 것으로 해석될 수 있는 어떤 행동, 또는 성적, 재정적, 사회적인 어떤 행동에 가담하지 않을 것이다.

7. 나는 나 자신의 목적을 위해서 강압적으로 내담자에게 나의 권위를 사용하지 않을 것이다. 나는 나에게 의존하도록 조장하지 않을 것이

며, 내담자 스스로 역량을 강화하도록 도울 것이다.

8. 나는 치료에 필요하거나 특별히 내담자의 허락을 받아 본 기관의 직원에게 알리는 이외에는 현재의 내담자나 과거 내담자 또는 그 가족의 이름을 이야기하거나 정보를 제공하지 않을 것이다.

9. 나는 내담자의 권리 및 권리장전에 대한 본 기관의 정책 내용과 철학을 지키고 다른 전문가의 권리와 견해를 존중하는 것을 이해하며 동의한다.

10. 보호서비스 제공자로서, 나는 본 기관을 떠난다고 해서 치료관계가 끝나는 것이 아님을 이해한다. 나는 과거 내담자와의 사이에 계속되는 어떠한 관계도 위에서 언급된 그들의 복지에 대한 동일한 관심에서 이루어질 필요가 있음을 인식할 것이다. 환자와의 성적인 관계는 비윤리적이다. 과거 환자와의 성적인 관계는 치료에서 비롯된 정서를 이용하는 것이므로 거의 언제나 비윤리적이다.

11. 알코올이나 기분을 변화시키는 약물을 개인적으로 사용하는 데 있어서, 나는 환자와 직원과 공동체를 위한 책임감 있는 역할모델이 될 것이다. 만일 내가 과거에 물질에 의존했었다면, 나는 본 기관에 근무하는 동안 완전한 단약상태를 유지할 것이다.

12. 나는 동료에게 병이나 비윤리적 행동이 나타날 때 그를 묵인하지 않음으로써 동료와 본 기관 공동체의 복지를 위해 책임질 수 있는 관심을 보일 것이다.

13. 나는 나에게 도움을 청하는 사람에게 질적인 치료를 제공하기 위한 노력으로 평생교육과 전문적 발전을 위한 책임을 수용할 것이다.

부록

중독상담자를 위한 윤리 사례연구

다음은 모두 실제 사례들이며, 개인 신원 보호를 위해 몇 가지 세부 내용을 수정하였다. '어떤 권리가 관련되어 있는가? 누구의 권리가 우선되는가? 왜 그래야 하는가? 어떤 가치가 문제되는가?' 와 같은 질문에 근거해서 답을 구해야 한다.

1. 당신은 중독상담자로 개업하여 활동하고 있다. 한 내담자가 아들의 심리평가(assessment)를 위해서 방문했다. 복잡한 모자 갈등을 알아챘고, 심리평가는 검사를 포함해서 4시간이 걸릴 것이라고 이야기한다. 나중에 어머니는 당신이 지나친 비용을 청구했다고 다른 전문가에게 불평한다. 그는 어머니에게 동조하고 그렇게 시간이 많이 걸릴 이유가 없다고 이야기한다. 당신은 이 상황을 어떻게 다루겠는가? 그 전문가의 행동은 비윤리적인가?

2. X 치료센터는 개입전문가(intervention specialist)에게 치료비를 직접 지불하겠다고 제안한다. 그녀는 그렇게 하면 이해가 상충되므로 비윤리적이라며 거절한다. 만일 치료센터가 전문가의 치료비 400달러를 돌려줄 것을 명령한다면, 가족이 차액을 책임져야만 할 것이다. 누가 옳은가? 개입전문가인가, 아니면 치료센터인가? 왜 그렇게 생각하는가?

3. 어떤 주에는 여성 전용 치료센터가 단 한 곳뿐인데, 중독상담자 자격과 간호중독전문가 자격을 갖춘 충분한 적임자인 여

성이 이 센터의 대표직을 맡고 있다. 주요 보험회사 하나가 이 센터에 여성 내담자를 의뢰하는 것을 거부하는데, 그 이유는 센터장이 면허가 있는 심리학자나 의사가 아니기 때문이다. 보험회사의 결정은 윤리적인가?

4. 한 개입전문가가 자살 경험이 있고 알코올중독 치료 프로그램에 3번 중도 탈락했던 알코올중독자를 우수한 이중진단 전문 정신과 치료진들이 있는 90일 거주시설 센터에 의뢰했다. 개입전문가는 그동안 환자들을 의뢰해 왔는데, 알코올중독 치료센터는 그에게 암묵적인 합의사항을 위반했다며 불만을 표시했다. 센터는 전문적으로 행동한 것인가?

5. 한 중독 내담자의 보험금 지급이 한도에 도달했다. 금단증상은 없지만, 아직도 환자는 이 단계에서 전형적으로 나타나는 정도의 우울을 호소한다. 당신의 슈퍼바이저는 의료보험으로 치료를 계속 받을 수 있도록 진단명을 주요 우울증으로 바꾸라고 이야기한다. 당신은 어떻게 할 것인가?

6. 나는 치료센터의 상담자이며 A.A.의 회원이다. 지역사회의 A.A. 모임에서 내가 근무하는 치료센터의 환자인 제네바를 보게 되었다. 그녀는 모임 중 자신이 지난주에 재발했었다는 이야기를 모임에서 했다. 자신의 회복 과정을 위해서 재발에 대해 이야기하도록 권고함에도 불구하고, 그녀가 외래치료집단에서는 재발에 대해 이야기하지 않았다는 것을 알게 되었다. 나는 무엇을 해야 할 것인가?

7. 또 다른 내담자는 A.A. 모임에 참석해서 어떤 남자가 횡령으로 중범죄를 저질렀으나 잡히지는 않았다는 이야기를 들었다고 당신에게 이야기한다. A.A. 회원에게는 비밀보장의 원

칙을 지켜야 한다는 의무가 없으므로, 내담자는 횡령을 당한 회사에 이를 이야기해야 할 의무가 있는지 당신에게 묻는다. 당신은 어떻게 답하겠는가?

8. 마틸다는 당신이 담당하고 있는 내담자다. 그녀는 간질을 앓고 있고, 의사는 발작이 일어나지 않게 하기 위해서 항경련제인 딜란틴을 반드시 복용해야 한다는 이야기를 했다. 그녀의 A.A. 후원자는 그녀에게 "약물을 복용하고 있으니 맑은 정신이라고 할 수 없다."면서 단주 일수를 변경해야 한다고 이야기했다. 당신은 마틸다에게 어떻게 반응하겠는가?

9. 당신의 내담자인 메리는 텔레비전 프로그램에서 "저는 메리 브라운이고, 알코올중독자입니다."라고 자신을 소개했다. 그녀는 지금 자신이 A.A.의 익명성의 전통을 어긴 것은 아닌지 걱정하고 있다. 당신은 무엇이라고 하겠는가?

10. 당신의 내담자인 대그우드는 12번가와 엘름가가 교차하는 장소에서 열리는 모임에 가기 싫다고 이야기한다. 당신은 어떻게 반응하겠는가?

11. 대그우드는 또한 자신이 불가지론자이며 어떤 종교도 가질 생각이 없다면서 '신에 대한 모든 이야기'에 대해 불평한다. 이에 대해서는 어떻게 이야기하겠는가?

12. 당신은 기업의 근로자지원 프로그램(EAP)의 상담사다. 당신이 상담해 온 한 알코올중독 직원은 지금 단주 초기인데, 자신이 회사의 많은 액수의 돈을 횡령했다고 밝혔다. 당신은 회사의 신뢰받는 직원이다. 회사에 이 사실을 알려야 하는가? 당신은 그렇게 하겠는가? 당신은 어떻게 해야 하는가?

13. 회복 중인 내담자가 호전되고 있으며, 더 이상 당신의 상담

이 필요하지 않은 것임을 확신한다. 당신은 상담을 종결하고 싶어 한다. 그러나 슈퍼바이저는 치료비의 보험금 지급이 가능하니 기관의 무료상담 사례의 비용을 충당하기 위해서 치료를 계속하라고 한다. 어떻게 해야 하는가?

14. 입원센터의 젊은 물질의존 상담 훈련생이 여성 내담자와 성적인 관계를 가졌다는 소문이 돌았다. 훈련 슈퍼바이저는 즉시 훈련생을 해고했다. 그 훈련생은 관리자인 당신에게 이의를 제기했다. 당신은 슈퍼바이저의 결정을 지지하는가? 당신은 이 문제를 어떻게 다룰 것인가?

15. 당신의 주에서 물질의존 상담자 자격을 받기 위해서는 2년간 단주상태를 유지해야 한다는 조건이 있다. 중독에서 회복된 알코올중독자로서 상담사 자격을 소지하고 이 분야에서 일하고 있는 동료가, 지난 5년간 단주했었으나 재발했다. 당신은 이 사실을 알고 있는 유일한 사람이다. 그러나 그를 포함한 누군가와 비밀보장을 전제로 하는 만남에서 알게 된 것은 아니다. 당신의 주에는 문제가 있는 상담자를 위한 프로그램이 있는가? 만약 있다면, 당신은 이것을 보고해야 하는가? 만약 없다면, 당신은 개입 팀을 구성해야 하는가? 당신은 어떻게 해야 하는가? 이것이 한 번의 짧은 에피소드일 뿐이고, 이미 명백히 종료된 상황이라면 어떻게 할 것인가?

16. 당신은 외래 치료환경에 근무하는 중독상담자다. 당신이 상담해 온 내담자가 뚜렷하게 좋은 경과를 보이고 있는데, 그녀가 최근에 임상심리사를 만나기 시작했다는 사실을 당신에게 이야기하지 않았다. 당신은 간접적이지만 윤리적 이유로 이 사실을 알게 되었다. 당신은 어떻게 할 것인가?

17. 수지는 입원치료 프로그램에서 당신이 상담했던 매력적인 여성이다. 그녀가 당신에게 긍정적 감정의 전이 현상을 보였음에도 당신은 그 관계를 이용하지 않으려고 주의를 기울여 왔다. 그녀는 지금 치료를 종결한 상태이며 1년 이상 단주하고 있다. 당신은 A.A. 모임에서 그녀를 다시 만나게 되었고, 그녀는 당신에게 자신의 후원자가 되어 달라고 부탁했다. 이것은 괜찮은 일인가? 그리고 그녀는 A.A. 모임 전에 저녁식사를 함께 하자고 청한다. 이는 괜찮은가? 모임 후에 춤을 추게 되었고, 그 후에 그녀는 자신의 아파트에 가겠느냐고 물었다. 이것은 괜찮은가? 어떤 원칙이나 지침이 여기에 적용될 수 있는가?

18. 높은 지위에 있는 성직자가 HIV 양성 결과를 받았다. 그에게는 자녀가 여럿 있고 앞으로도 더 가질 예정이다. 그는 검사 결과를 아내에게 알리려 하지 않는다. 전문가로서 당신은 어떻게 해야 하는가? (성직자에게는 법적 보고의 의무가 없다.) 당신은 한편으로는 성직자의 사생활 보호 및 비밀보장 권리와 이 사실이 밝혀졌을 때의 심각한 영향에 대한 그의 두려움, 그리고 다른 한편으로는 성직자의 아내가 자기 자신과 앞으로 태어날 자녀의 건강을 지킬 권리 사이에서 어떻게 균형을 잡을 것인가?

19. 당신은 회사의 자문을 맡고 있으며, 사장은 당신을 신뢰하여 회사의 비밀을 이야기한다. 그리고 사장은 당신이 오랫동안 신뢰해 온 친구인 당신의 동업자와 모든 정보를 공유한다는 사실을 안다. 그런데 이번에는 사장이 동업자에게 비밀을 지켜 달라고 한다. 이 사실이 알려지자, 동업자는 신의가 없다

며 당신을 비난한다. 사장이 특정 정보를 알리지 말아 달라고 하더라도 자신에게 우선적으로 이야기할 의무가 있다고 동업자는 주장한다. 당신이 옳은 행동을 한 것인가 아니면 당신의 동업자가 옳은 것인가?

20. 여성 상담자가 부부 상담에서 이혼하라는 조언을 했는데, 후에 상담자가 이혼한 그 남편과 결혼했다. 이에 아내가 상담자를 고소했다. 상담자는 윤리적이었는가?

21. 당신의 치료센터에서 회복 중에 있는 알코올중독 내담자가 자녀를 성적으로 학대하고 구타했음을 인정했다. 주법에 따르면 아동학대는 비밀보장 관계를 통해 알려졌다 하더라도 주정부 기관에 보고해야 한다. 그러나 연방법은 내담자가 당신의 센터에 있다는 사실을 확인해 주는 것조차도 금지하고 있다. 당신은 어떻게 해야 하겠는가?

참고문헌 BIBLIOGRAPHY

일반 윤리학에 대한 방대한 저술과, 의학, 간호학, 사회복지, 심리학, 법학, 경영학, 공학 같은 다양한 전문가 윤리에 관한 많은 출판물들이 있는 반면에, 중독전문가의 윤리에 관한 것은 비교적 적은 편이다. 여기서는 전문가 윤리와 관련된 모든 자료를 나열하거나 잘된 것만을 선별해 놓은 것은 아니다. 다음은 전문적인 물질의존 분야의 대표적인 참고문헌이다.

Ethical/Legal Dilemmas. 1992. *Addiction & Recovery.* 12(7): 5−10.

Al−Anon Family Group Headquarters, Inc. 1987. *Al−Anon and Professionals* (formerly titled *Working As, For, or With Professionals*). New York: Al−Anon Family Group.

Alcoholics Anonymous World Services, Inc. 1972. *If You Are a Professional, A.A. Wants to Work with You.* New York: Alcoholics Anonymous World Services.

――――. 1974. *How A.A. Members Cooperate with Other Community Efforts to Help Alcoholics.* New York: Alcoholics Anonymous World Services.

――――. 1975. *Three Talks to Medical Societies, by Bill W., Co−founder of A.A.* New York: Alcoholics Anonymous World Service.

――――. 1982. *A.A. as a Resource for the Medical Profession.* New York: Alcoholics Anonymous World Services.

――――. 1993. *A.A. Guidelines: For A.A. Members Employed in the Alcoholism Field* (formerly subtitled *For Those Who Wear Two Hats*).

New York: A.A. General Service Office.

———. 1993. *A.A. Guidelines: Cooperating with Court, A.S.A.P. and Similar Programs.* New York: A.A. General Service Office.

American Psychological Association. 1981. *Ethical Principles of Psychologists.* Washington, D.C.: APA. First published in *American Psychologist* 36: 633–638.

Andrews, Lewis M. 1987. Beyond Addiction. Chapter 12 in *To Thine Own Self Be True: The Rebirth of Values in the New Ethical Therapy.* New York: Anchor Press/Doubleday.

Apthorp, Stephen P. 1985. *Alcohol and Substance Abuse: A Clergy Handbook.* Wilton, Conn.: Morehouse–Barlow.

Ashley, Benedict M., and Kevin O'Rourke. 1986. *The Ethics of Health Care.* St. Louis, Mo.: Catholic Health Association.

Beauchamp, Tom L., and James F. Childress. 1983. *Principles of Biomedical Ethics.* 2d ed. New York: Oxford University Press.

Birch & Davis Associates. 1986. *Development of Model Professional Standards for Alcoholism Counselor Credentialing.* Arlington, Va.: National Association of Alcoholism and Drug Abuse Counselors.

Bissell, LeClair, and Paul Haberman. 1984. *Alcoholism in the Professions.* New York: Oxford University Press.

Blume, Sheila B. 1977. Ethics of Record–Keeping. *Alcoholism: Clinical and Experimental Research* 1(4): 301–303.

———. 1987. *Confidentiality of Medical Records in Alcohol–Related Problems.* New York: National Council on Alcoholism.

Brown, Stephanie. 1985. *Treating the Alcoholic.* New York: Wiley. (Shows how A.A. and psychotherapy can cooperate.)

Carroll, Mary Ann, H. G. Schneider, and G. R. Wesley. 1985. *Ethics in the Practice of Psychology.* Englewood, N.J.: Prentice-Hall.

Confidentiality of Alcohol and Drug Abuse Patient Records. 1975. *Federal Register* 40(127), Pt. 4: 27802-21.

Confidentiality of Alcohol and Drug Abuse Patient Records. 1982. *Code of Federal Regulations* Title 42, Pt. 2.

Corey, Gerald, ed. 1986. *Theory and Practice of Counseling and Psychotherapy,* Monterey, Calif.: Brooks-Cole. (See especially chapter 13.)

Corey, Gerald, Marianne S. Corey, and P. Callahan. 1988. *Issues and Ethics in the Helping Professions.* Monterey, Calif.: Brooks Cole.

Evans, David S. 1990. Confidentiality. *Addiction and Recovery* 10(2): 17-18.

Fagothey, Austin. 1976. *Right and Reason.* 6th ed. St. Louis, Mo.: C. V. Mosby. (Excellent for general ethical principles.)

Finnegan, Dana, and Emily McNally. 1987. *Dual Identities: Counseling Chemically Dependent Gay Men and Lesbians.* Center City, Minn.: Hazelden Educational Materials.

Gardner, Richard A. 1991. *True and False Accusations of Child Abuse.* Creskill, N.J.: Creative Therapeutics.

Gartrell, Nanette, et al. 1986. Psychiatrist-Patient Sexual Contact: Results of a National Survey, I: Prevalence. *American Journal of Psychiatry* 143:1126-1131.

Gazda, George M. 1978. Chapterss 10 and 12 in *Group Counseling: A Developmental Approach.* 2d ed. Boston, Mass.: Allyn & Bacon.

Gill, James J., F. J. Braceland, et al. 1979. Ethics and Psychiatry. *Psychiatric Annals* 9(2): entire issue.

Goldberg, Raymond. 1993. *Taking Sides: Clashing Views on Controversial Issues in Drugs and Society.* Guilford, Conn.: Dushkin Publishing Group.

Gonsalves, Milton A. 1985. *Fagothey's Right and Reason: Ethics, Theory and Practice.* 8th ed. St. Louis, Mo.: Times Mirror/Mosby.

Gosselin, Renee, and Suzanne Nice. 1987. *Lesbian and Gay Issues in Early Recovery.* Center City, Minn.: Hazelden Educational Materials.

Greenberg, A. 1992. Working with Families of Mentally Ill Chemical Abusers. *Professional Counselor* 7(2): 45–51.

Gregson, D., and H. Summers. 1992. 13th Stepping: Young Women at Risk in AA and NA. *Professional Counselor* 7(2):33–7.

Halleck, S. L. 1971. *The Politics of Therapy.* New York: Science House.

Hannah, Gerald T., et al., eds. 1982. *Preservation of Client Rights.* New York: Free Press/Macmillan.

Hazelden Evaluation Consortium. 1986. *Treatment Benchmarks.* Center City, Minn.: Hazelden Educational Materials.

Hummel, Dean L., et al. 1987. *Law and Ethics in Counseling.* Florence, Ky.: Van Nostrand Reinhold.

Jones, Donald G., ed. 1978. *Private and Public Ethics.* New York: Edwin Mellen Press.

Journal of Medical Humanities and Bioethics (formerly *Journal of Bioethics*). 1982–. New York: Human Sciences Press.

Keith–Spiegel, Patricia, and G. P. Koocher. 1985. *Ethics in Psychology:*

Professional Standards and Cases. New York: Random House.

Keller, Mark. 1975. Multidisciplinary Perspectives on Alcoholism and the Need for Integration: A Historical and Prospective Note. *Journal of Studies on Alcohol* 36: 133-147.

King, Bruce. 1983. Betraying the Alcoholic or Protecting the Child? The Dilemma of Confidentiality. *Alcoholism: The National Magazine* 3(7): 59-61.

Knapp, Samuel, and Leon Vandecreek. 1987. *Privileged Communications in the Mental Health Professions.* Florence, Ky.: Van Nostrand Reinhold.

Koop, C. Everett. 1986. From the Surgeon General: Surgeon General's Report on Acquired Immune Deficiency Syndrome. *Journal of the American Medical Association* 256(20): 2783-2789.

Krystal, H., and R. A. Moore. 1963. Who is Qualified to Treat the Alcoholic? A Discussion. *Quarterly Journal of Studies on Alcohol.* 24: 705-720. (Also see Lemere, below.)

Lawson, Gary, D. C. Ellis, and P. C. Rivers. 1984. Chapter 6 and 7 in *Essentials of Chemical Dependency Counseling.* Rockville, Md.: Aspen Publications.

Lemere, Frederick. 1964. Who is Qualified to Treat the Alcoholic? Comment on the Krystal-Moore Discussion. *Quarterly Journal of Studies on Alcohol* 25: 558-560.

Lewis, Jay, ed. 1983. *The Alcoholism Report* 11: 8.

MacIntyre, Alasdair. 1984. *After Virtue: A Study in Moral Theory.* 2d ed. Notre Dame, Ind.: Notre Dame Press.

Madden, Elaine, and Donald Offenberg, eds. 1979. *Ethical Issues in Substance*

Abuse Treatment. Eagleville, Penn.: Eagleville Hospital and Rehabilitation Center.

Margolin, Gayla. 1982. Ethical and Legal Considerations in Marital and Family Therapy. *American Psychologist* 37(7): 788–801.

Maxwell, Milton. 1984. The A.A. Experience: A *Close–up View for Professionals.* New York: McGraw–Hill.

Monagle, John F., and David C. Thomasma. 1987. *Medical Ethics: A Guide for Health Care Professionals.* Florence, Ky.: Van Nostrand Reinhold.

National Association of Alcoholism and Drug Abuse Counselors (NAADAC). 1987. NAADAC Code of Ethics. *The Counselor.* 5(September/October): 13–16. Also published as *Code of Ethics.* Arlington, Va.: National Association of Alcoholism and Drug Abuse Counselors.

————. 1990. National Understanding of the NAADAC Code of Ethics, by Thomas F. McGovern, Lloyd Wright, and Nina Manley Wright. *The Counselor* 8(May/June): 37–8.

National Association of Addiction Treatment Providers (NAATP). 1982. *Advertising Code for Alcoholism Treatment Programs,* addition to their Principles of Practice. Irvine, Calif.: National Association of Addiction Treatment Providers.

National Institute on Alcohol Abuse and Alcoholism (NIAAA). 1979. Confidentiality of Alcohol and Drug Abuse Records and Child Abuse and Neglect Reporting. *Alcohol Health and Research World* 4(1): 31–4.

————. 1991. Linking Alcoholism Treatment Research with Clinical Practice. *Alcohol Health and Research World* 15(3): entire issue. (See especially the articles by Archer, McCrady, Geller, Huey.)

Nye, Sandra G., and Laura B. Kaiser. 1990. *Employee Assistance Law Answer Book*. New York: Panel Publishers.

————. 1992. *Employee Assistance Law Answer Book: 1992 Supplement*. New York: Panel Publishers.

Peterson, Marilyn R. 1992. *At Personal Risk: Boundary Violations in Professional-Client Relationships*. New York: Norton.

Phillips, Donald A. 1984. An Impossible Dream and a Little Outrage. Parts 1 and 2. *The Almacan* 14(September): 6, 18–19; 14(October): 6–7, 16. (Discusses EAPs and health care systems.)

Powell, David J. 1988. Clinical Supervision: The Missing Puzzle Piece. *The Counselor* 6(May/June): 20–22.

Program Information Associates. 1985. *The Counselor's Guide to Confidentiality*. Honolulu, Hawaii: PIA.

Pryzwansky, Walter B., and Robert N. Wendt. 1987. *Psychology as a Profession: Foundations of Practice*. New York: Pergamon Books.

Reamer, Frederic G. 1982. *Ethical Dilemmas in Social Service*. New York: Columbia University Press.

Robertson, Nan. 1988. *Getting Sober: Inside Alcoholics Anonymous*. New York: Morrow.

Royce, James E. 1986. Recovered vs. Recovering: What's the Difference? *U.S. Journal of Drug and Alcohol Dependence* 10(3): 7.

————. 1989. Chapters 19 and 21 in *Alcohol Problems and Alcoholism*. rev. ed. New York: Free Press/Macmillan.

Rutter, Peter. 1989. *Sex in the Forbidden Zone*. Los Angeles: J. P. Tarcher.

Schoener, Gary R., et al. 1989. *Psychotherapists' Sexual Involvement with*

Clients—Intervention and Prevention. Minneapolis: Walk–In Counseling Center.

Staub, George, and L. Kent, eds. 1973. *The Para–Professional in the Treatment of Alcoholism: A New Profession.* Springfield, Ill.: Charles C. Thomas.

Thompson, Andrew. 1983. *Ethical Concerns in Psychotherapy and Their Legal Implications.* Lantham, Md.: University Press of America.

Tyrrell, Bernard J. 1975. *Christotherapy I.* New York: Paulist Press.

———. 1982. *Christotherapy II.* New York: Paulist Press.

Valle, Stephen. 1979. *Alcoholism Counseling: Issues for an Emerging Profession.* Springfield, Ill.: Charles C. Thomas.

Van Hoose, William H., and J. A. Kottler. 1985. *Ethical and Legal Issues in Counseling and Psychotherapy.* 2d ed. San Francisco, Calif.: Josey–Bass.

West, Judith M. 1988. Ethics and the Impaired Counselor. *The Counselor* 6 (November/December): 2, 37. (Self–assessment)

———. *Ethics in Counseling.* Audiotapes. NAADAC Tapes, Arlington, VA 22204.

White, William L. 1992. *Critical Incidents.* Bloomington, Ill.: Lighthouse Training Institute.

Wilson, James Q. 1993. *The Moral Sense.* New York: Macmillan/Free Press.

찾아보기

저자 소개

LeClair Bissell 박사(M.D., N.C.A.C)는 미국알코올중독의학회(ASAM) 회장을 역임하였고 현재는 중독분야에서 강의 및 연구 그리고 자문 등의 활발한 활동을 펼치고 있다.

다수의 논문을 비롯하여 동료들과 함께 *To Care Enough: Intervention with Chemically Dependent Colleagues*와 *Chemical Dependency in Nursing: The Deadly Diversion* 그리고 *Alcoholism in the Professions* 등의 물질 중독 관련 문헌들을 저술하였다.

James E. Royce 박사(S.J., Ph.D.)는 시애틀 대학교 심리중독학부 명예교수로, 1976년 이후로 미국 알코올 및 약물의존협회(National Council on Alcoholism and Drug Dependency)의 의장직을 맡아 왔다.

알코올중독에 대한 일반인들의 인식 변화 및 전문가 교육에 있어 그 공헌을 인정받아 NCA Marty Mann상을 수상한 바 있다. 다수의 학술논문과 *Alcohol Problems and Alcoholism: A Comprehensive Survey* 등의 저서가 있다.

역자 소개

신성만

전) Harvard Medical School 정신과 연구원

　　Asian Pacific Counseling and Treatment Center(미국 Los Angeles) 상담사

현) 한동대학교 상담심리사회복지학부 교수

유채영

전) 한국중독전문가협회 회장

현) 충남대학교 사회복지학과 교수

　　대전광역시 마약류 중독자 치료보호 심사위원

이미형

현) 인하대학교 간호학과 교수

　　한국중독전문가협회 회장

　　인하알코올약물상담연구센터 소장

　　수원시알코올상담센터 소장

조성희

전) 국립법무병원 임상심리실장

　　미국 풀브라이트재단 교환교수

현) 백석대학교 기독교학부 교수

　　임상심리전문가

중독전문가 윤리

Ethics for Addiction Professionals

2010년 5월 12일 1판 1쇄 인쇄
2010년 5월 20일 1판 1쇄 발행

지은이 • LeClair Bissell · James E. Royce
옮긴이 • 신성만 · 유채영 · 이미형 · 조성희
펴낸이 • 김진환
펴낸곳 • ㈜ **학지사**
　　　　　121-837 서울특별시 마포구 서교동 352-29 마인드월드빌딩 5층
대표전화 • 02) 330-5114 팩스 • 02) 324-2345
등록번호 • 제313-2006-000265호

홈페이지 • http://www.hakjisa.co.kr
커뮤니티 • http://cafe.naver.com/hakjisa

ISBN 978-89-6330-376-5 93180

정가 13,000원